KB138791

위기의 경제학?
공동체 경제학!

위기의 경제학?
공동체 경제학!

1판 2쇄 발행 2020년 9월 25일

글쓴이 최배근
펴낸이 이경민
편집 최정미
디자인 김현수
펴낸곳 ㈜동아엠앤비
출판등록 2014년 3월 28일(제25100-2014-000025호)
주소 (03737) 서울특별시 서대문구 충정로 35-17 인촌빌딩 1층
전화 (편집) 02-392-6901 (마케팅) 02-392-6900
팩스 02-392-6902
전자우편 damnb0401@naver.com
SNS

ISBN 979-11-6363-021-0 (03320)

위기의 경제학?
공동체 경제학!

**세계 경제 대위기, 미중 무역 전쟁 등 경제 핫이슈와
그에 대한 대안 제시!**

최배근 지음

동아엠앤비

추천사

　　　　　　　　경제학 및 경제 사상의 발전은 현실의
경제와 산업의 발전과 불가분으로 연결되어 있다. 방직기와 방적기는 리
카도와 마르크스의 경제학을, 대공황과 산업사회의 확립은 케인스주의
경제학을, 지구화와 탈공업화는 신자유주의 경제학을 낳았다. 지금 진행
되고 있는 이른바 '4차 산업혁명'은 이러한 예전의 것들을 능가하는 기술
적 사회적 변화를 예고하고 있으며 또 이미 가져오고 있다. 그럼에도 불
구하고 이러한 상전벽해의 변화를 이해하는 우리의 경제적 사유의 틀과
지평은 낡은 틀에 묶여 있으며 이로 인해 과학적 설명에서나 실천적인 준
비에 있어서나 심한 무능력을 노정하고 있는 실정이다.

　최배근 교수님은 이미 오래 전부터 이러한 기술적 경제적 패러다임의 변
화를 세밀히 관찰하였을 뿐만 아니라 그에 따라 사회와 인간의 표준형이 어
떻게 변화해야 하는가를 찾아내는 작업을 해온 분이다. 이 책을 통해서 교수
님은 새롭고 명확한 방향을 제시하고 있다. 이기적 계산이 아닌 공감과 호혜
로 움직이는 새로운 인간, 경쟁과 파괴가 아니라 협동과 공유로 운영되는 경
제적 조직, 물질적 축적이 아니라 인간적 욕구의 축적과 자연의 안전을 보장
할 수 있는 무형적 가치로서의 부와 같은 것들이 그 예이다. 이러한 새로운
경제와 새로운 경제학의 틀을 구체적 현실 변화와 긴밀히 얽어서 풀어놓고
있는 이 책은 분명히 새로운 패러다임의 시대를 예고하는 선구적 저작이다.

　　　　　　　　　　　　　　　　홍기빈(칼폴라니 사회경제연구소 소장)

추천사

　　우리가 배운 지식은 불완전하다. 그걸 인정하는 게 학자고, 그걸 인정하지 않는 게 공무원이다. 공무원들이 시험볼 때 쓰는 고시용 경제학 책의 원형은 노벨상을 탄 폴 새뮤얼슨이 1948년 집필한 경제원론에 기원을 두고 있다. 알프레드 마셜의 부분균형 이론과 레옹 왈라스의 일반균형 이론을 절반, 케인스의 이론을 나머지 절반으로 해서 지금의 표준 경제학을 구성하였다. 그 이전에는 전혀 다르게 경제학을 배웠다. 고시용 경제학이 이론적으로 형성된 것은 이제 50년 조금 넘을 뿐이다. 그걸 처음 우리에게 소개한 사람은 마침 그 초창기에 미국 유학을 한 조순 교수였다. 이를 공고히 한 것은 정운찬 현 KBO 총재고. 이 50년 조금 넘은 이론 체계를 불안불안 계승하는 게 학자들이고, 자신을 합격시켜준 그 이론을 영원불멸의 진리로 받드는 사람들이 공무원이다.

　　최배근이 『위기의 경제학? 공동체 경제학!』을 통해서 얘기하려고 하는 것은, 바로 폴 새뮤얼슨 이후로 표준 경제학으로 신봉되던 그 교과서의 폐기에 관한 것이다. 물론 교과서가 현실에 그대로 들어맞는 경우는 잘 없지만, 지금 우리의 상황은 그보다는 좀 더 심각해 보인다. 추상적인 이론이 구체적인 현실에 안 맞는 정도를 넘어서, 오히려 아주 우연한 상황에만 들어맞을 정도로 괴리가 커졌다. 그리고 안 맞는 정도가 아니라 오히려 다가올 미래를 준비하는 데 해롭기까지 하다는 것이 최배근이 지적하는 얘기다.

2008년 글로벌 금융위기가 아니었다면 이런 얘기는 그냥 어느 이론적 이상주의자의 한가한 얘기로 치부될지도 모른다. 그러나 실제로 우리가 가진 표준 경제학은 그런 위기를 예측하거나 상상하지도 못했을 뿐더러, 뭘 해야 할지 처방도 내놓고 있지 못하고 있다. 그 와중에 블록체인과 네트워크 빅데이터, 우리 대부분은 이런 큰 변화 속에서 인공지능이 대체하게 될 일자리 걱정만 하지, 그 변화의 큰 흐름을 보지 않으려 하고 있는 것 아닌가?

책에서 최배근이 지적한 많은 얘기 중에서 가장 정교하고 시급한 문제는 교육으로 향한다. 이건 우리가 당장 부딪히고 있는 긴박한 문제이면서 동시에 가장 길게 영향을 미칠 문제다. 지금 우리의 교육은 포디즘으로 상징되는 표준 공정에 의한 '대량생산 대량소비' 시대에 만들어졌다.

무난한 인재를 엇비슷하게 만들고, 서로 쉽게 대체될 수 있게 교육이 구성되어 있다. 이 방식이 과연 미래에도 맞을까? 그 안에서 엇비슷한 능력을 탑재시켜 놓고, '변별력'이라는 말도 안되는 기준으로 우열을 가리려고 한다. 당연히 이 시대에 안 맞는다. 최배근은 그렇게 만들어진 인재가 가장 먼저 인공지능에 의해서 대체될 것이라고 아프게 지적한다. 자, 어쩌면 좋을까?

10년? 아마도 지금 우리가 배우는 표준 경제학 교과서가 바뀔 가능성이 높고, 혹시 그 때도 공무원들이 고시용 경제학 책을 본다면 그것도 바뀔 것이다. 어디로? 어떻게? 그 변화의 단서가 이 책에 있다. 4차 산업혁명의 경제적 의미가 뭔가, 어질어질하다면 이 책을 권해드린다.

정답은 아무도 모르지만, 뭐가 어떻게 바뀌어나갈 것인지 단서는 붙잡을 수 있을 것이다. SNS의 정치적 의미에 대해서 얘기하는 책은 많지만, 경제학적 의미에 대해서 얘기하는 책은 극히 드물다. 미래에 대한 단초를 찾아보고 싶으신 독자들에게 권해드린다.

우석훈(경제학 박사, 88만원 세대 저자)

근대의 틀에
갇혀버린 경제학

　　　　　　　　　　사람들은 경제학자의 이해 능력을
과대평가하는 경향이 있다. 아니 어쩌면 경제 상황이 계속 악화되는
상황에서 그나마 의존할 곳이 경제학자뿐이기 때문일지도 모른다.
즉 다른 대안이 없는 상황에서 경제학자에 대한 수요가 지속되는 것
일지도 모른다. 마치 많은 대학이 생명력을 상실했음에도 대안이 없
다 보니 문을 닫지 않고 있는 것과 유사한 현상이 아닐까?

　금융위기가 발발한 지 10여 년이 지난 지금 경제학자들은 금융위기
이전에 그랬듯이 세계 경제, 특히 미국 경제의 회복에 대해 강한 자신
감을 보이고 있다. 경제학자들은 금융위기를 발발시킨 원인에 대해서
더 이상 관심을 갖고 있지 않기 때문이다. 무엇보다 금융위기의 핵심
원인인 소득 불평등과 자산 불평등은 해결되기는커녕 더욱 악화되었지
만, 이 문제의 해결에 대해 대부분 경제학자들은 관심이 없거나 고민

도 하지 않는다.

둘째, 금융회사의 위험추구 행동에 대해서도 마찬가지다. 금융위기 이전처럼 많은 경제학자들은 금융 규제가 향상되었기에 금융 불안이 재발될 가능성은 없다고 한다. 그러나 위험추구를 주도한 것은 규제 대상인 은행보다 규제를 받지 않는 자산관리사와 사모펀드 등이라는 점을 간과한다. 게다가 규제를 무력화시키는 '초(ultra)' 금융완화의 지속에 대해 침묵하거나 심지어 적극 지지를 한다.

셋째, '초' 금융완화로 금융위기를 유발시킨 부채가 금융위기 이전보다 크게 증가했다는 점이다. 특히 금융위기 이후 글로벌 경기 침체의 구원투수로 여겨졌던 신흥시장국 경제의 경우 달러로 조달된 민간 부채가 크게 증가하여, 금융위기가 재발할 경우 완충장치 역할을 수행할 수 없을 뿐 아니라 자금의 갑작스런 회수 시 빌린 자금과 운용 자금의 만기가 일치하지 않는 '통화 불일치'로 외환위기 가능성이 높아진다. 반면 선진국 경제의 경우 초저금리가 지속될 뿐만 아니라 국가 및 중앙은행의 부채가 급증한 결과 금융위기가 재발할 경우 대응 수단이 없다.

게다가 많은 경제학자들은 경제구조나 환경 등의 변화를 인정하지 않는 일종의 현실 인식 장애 증상을 나타내고 있다. 대공황 당시 전통적인 보수 경제학자들은 대량 실업의 원인을 노동조합 탓으로 돌리면서 노동조합이라는 제도가 없어지는 비현실을 꿈꾸었다. 금융위기 이전 30년을 지배했던 구속받지 않는 자유시장과 자유무역, 사람의 자유로운 이동을 추구한 신자유주의 프로젝트는 글로벌 경제 환경의 변화로 더 이상 추진할 수 없게 되었지만 신자유주의는 여전히 경제학자들의 가이드라인 역할을 하고 있다.

예를 들어, 금융위기 이후 보호주의 강화는 일시적 현상이 아니다. 금융위기 이후 장기 저성장 국면, 그리고 글로벌 불균형 해소 방식에 대한 갈등으로 표출되고 있는 미국의 통화 주권(통화정책 독립성) 대 신흥 시장국의 통화 주권(환율 안정성)의 충돌, 더 근본적으로는 경제력의 다원화에 따른 달러본위제라는 국제통화시스템의 불안정성 등에서 비롯된 것이다. 즉 소득 불평등의 악화로 내수가 취약해진 상황에서 주요 국가들이 수출 증대와 수입 억제로 타개책을 찾고 있고, 미국은 통화 주권을 위해 모든 수단을 동원해 무역 적자를 축소시키려 하는 과정에서 보호주의가 심화되고 있듯이 쉽게 해결되기 어렵다.

근본적으로는 경제력의 상대적 다원화 대 미국의 절대적 경제력에 기초한 국제통화시스템(달러본위제)의 비대칭성에서 비롯하는 것이기 때문이다. 즉 미국은 달러를 기축통화로 고집하는 반면, 미국 제조업의 경쟁력이 약화된 상황에서 달러의 해외 유출은 불가피하고, 그 결과 미국의 통화정책 독립성은 제약될 수밖에 없다. 여기에 미국의 트럼프 정부가 자신의 목표를 달성하기 위해 달러를 무기로 사용하면서 국제 사회의 미국 정부에 대한 불신과 불만이 높아지고, 그 결과 안전 자산 역할을 수행하였던 달러화 비중을 축소시키며 달러본위제에 기초한 국제통화시스템의 불안정성을 증대시키고 있다.

이처럼 훼손되고 있는 국제무역 질서와 국제통화시스템의 안정화 및 재구성을 위해 국제 협력이 어느 때보다 절실해지고 있는 반면 각국의 경제 상황이 어려워지며 자국 이익 중심에 기반한 민족주의 감정이 고조되며 국제 사회는 파편화되고 있다.

이러한 구조와 환경의 변화는 보다 근원적으로 '근대의 함정'에서 비롯한다. 근대를 구성하는 주요 요인들인 산업화, 국민국가, 국민경제 등의 수명이 다했음에도 여전히 경제학을 비롯한 사회과학은 근대의 세계에서 세상을 바라보고 있는 것이다. 근대의 수명 소진에서 발생하는 많은 문제들을 근대의 시각으로 접근하다 보니 세상과 유리되어 공허한 이야기만 반복하게 된다.

이 책은 조금은 거칠지만 우리가 살아가는 시대에서 겪는 주요 경제 문제들이 근대의 핵심 요소들인 산업화, 국민경제, 국민국가의 틀에서 비롯하고 있음을 보여주고, 문제에 대한 대안을 제시하고, 그러한 대안들이 실현되기 위해서 인간형과 사회질서를 어떻게 재구성해야 하는지 보일 것이다. 같은 시대를 살아가며 낡은 시대의 유산 때문에 직·간접으로 아픔을 겪고 있는 분들과 이 책을 공유하고 싶다.

2018년
최배근

CONTENTS

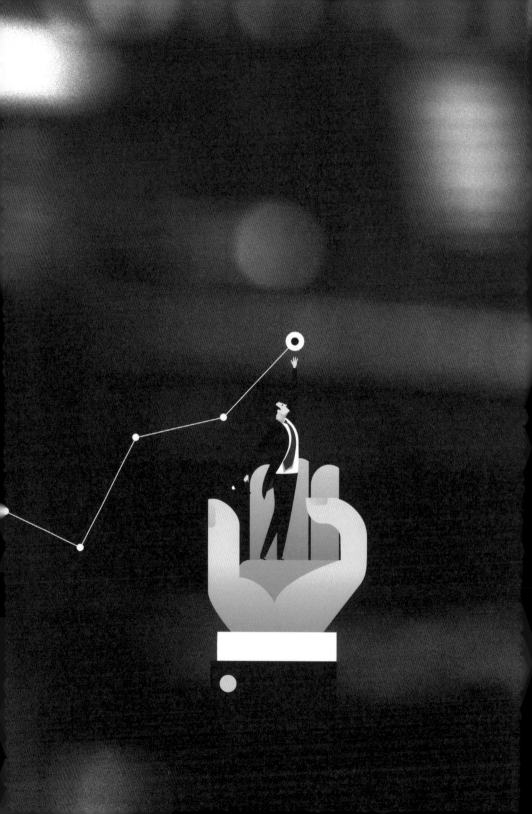

제 **1** 장

경제학은
없다

01

경제학은
없다

필자는 경제학에 가장 커다란 영향
을 미친 세 사람으로 애덤 스미스(1723~1790), 카를 마르크스(1818~
1883), 존 메이너드 케인스(1883~1946)를 주저 없이 선택할 것이다. 애
덤 스미스의 대표적 저작들은 1759년(『도덕감정론』)과 1776년(『국부론』)
에, 카를 마르크스의 대표적 저작들은 1844년(『경제학과 철학 수고』)과
1867년(『자본(I)』)에, 존 메이너드 케인스의 대표적 저작은 1936년(『일반
이론』)에 출간되었다. 즉 이 저작들은 18세기 후반부터 20세기 전반기
사이에 만들어졌다.

정확하게 1차 산업혁명 직전부터 2차 산업혁명이 꽃을 피우기 시작
하던 시기로 경제성장과 일자리 등 주요 경제지표들이 1차와 2차, 특
히 제조업에 의해 결정되었다고 해도 과언이 아니다. 예를 들어, 미국
의 경우 제조업 부문의 고용 규모가 농업 부문의 고용 규모를 추월하기

시작했던 시점이 987.3만 명을 고용했던 1939년 10월이었다. 즉 경제학에 가장 큰 영향을 미친 세 사람의 주요 관심은 산업사회일 수밖에 없었다.

이들의 학문적 업적을 계승하여 현대 경제학이 어느 정도 완성된 1970년대는 미국을 비롯해 주요 선진국들의 공업화가 완성된 시기였다. 예를 들어, 농업 부문 종사자 규모를 추월하기 시작했던 1939년부터 약 40년간 미국에서 제조업 부문은 약 1천만 명을 추가로 고용했다. 1979년 7월 1,953.1만 명까지 고용했던 미국 제조업 부문의 고용은 그 후 하락하기 시작하여 2018년 9월에는 1,275.3만 명까지 하락했다. 주류경제학의 수요와 공급의 법칙부터 시작해서 물가와 고용과 성장 개념 등은 제조업 경험에 바탕을 둘 수밖에 없었던 것이다. 노동조합 가입률 역시 1940~60년대 가장 높았다. 게다가 국제경제 질서와 이론, 특히 국제통화 질서와 이론은 2차 세계대전 이후 제조업에서 절대적 경쟁력을 가졌을 뿐 아니라 생산 규모를 차지했던 미국 경제를 전제로 만들어진 것이었다.

그러다 보니 본격적으로 탈공업화가 진행된 1970년대부터 산업화 시대에 만들어진 주요 질서 및 개념들은 문제를 드러내기 시작했다. 전체 경제활동에서 금융의 지배력과 기업 경영에 대한 금융 통제가 증가하는 금융화, 자본통제의 철폐와 그에 따른 고정환율제에서 변동환율제로의 전환, 1980년대 후반 이후 선진국에서부터 진행된 인플레이션의 종언, 1990년대 이후 고용 없는 성장(경기회복)과 선진국에서 사회 전체 실업률보다 높은 청년 실업 문제의 대두 등이 그것들이다. 몇 가지 주요 현상들을 소개하면 다음과 같다.

첫째, 탈공업화 이후 제조업의 역할을 대체할 산업이 만들어지지 않는 상황에서 가계나 투자자 등의 여유 자금을 실물 부문의 투자로 중개하던 금융(중개기관)의 보조적 역할은 약화되고, 금융적(재무적) 투자가 증대함으로써 오히려 실물 부문의 성장을 억압하고 임금 침체에 기여하며 소득 불평등을 증가시켰다.

금융화는 경제성장률과 신용증가율 간 격차를 증가시키는 금융 불균형과, 갑작스럽고 예기치 못한 소득의 손실이나 통제할 수 없는 지출 증가 등 금융 충격으로부터 회복 능력이 약화되는 금융 취약성을 증대시킴으로써 반복적으로 자산가격의 〈폭등과 폭락의 순환(boom−bust cycle)〉을 만들어내고, 그 결과 실물 부문의 호황과 불황 기간을 확장시키는 등 실물 부문에 대한 신용 지배를 강화시켰다. 실물 부문을 중심으로 구성된 주류경제학은 이러한 상황에 대해 무력감을 드러내고 있다.

둘째, 세계 경제에서 미국 경제의 중심적 역할의 약화(경제력의 다원화)에 따라 특정 국가의 통화를 중심(기축) 통화로 사용하는 국제통화시스템의 개혁이 불가피했음에도 국제통화시스템은 여전히 특정 국가(미국)의 통화(달러)를 중심(기축) 통화로 삼고 있고, 그 결과가 '글로벌 불균형'이다. 주류경제학은 '글로벌 불균형'에 대해 어떠한 해결책도 제시하지 못하고 있다.

셋째, 주류경제학은 한 나라 경제활동을 독립적으로 파악이 가능하고 또 운영할 수 있다고 가정하는, 즉 국민경제를 분석 단위로 하고 있는 반면 적어도 1990년대 이후 글로벌화의 급진전으로 국민경제의 자율성은 크게 훼손되었다. 예를 들어, 미국 경제조차 중앙은행인 연준의 금리와 시장 장기금리 간 탈동조화가 종종 나타나듯이 통화정책의 독립성을 확보하기 어렵게 된 상황이다. 그럼에도 주류경제학은 통화정책으로 경기 침체나 실업 등 주요 경제 문제를 해결할 수 있다고 여전히 주장하며, 경제 운영도 관성적으로 통화정책에 과잉 의존하고 있다.

넷째, 글로벌화와 더불어 정보통신기술 혁명은 경제의 네트워크화를 심화시켰을 뿐 아니라 가치 창출의 중심을 제조업에서 디지털 무형재로 이동시켰다. 20세기 미국의 상징 기업이었던 GM과 GE 등이 미국의 대표 주가지수인 다우존스에서 탈락한 배경이다. 그 결과 제조업(유형재)에 기초한 주류경제학의 기본 원리들은 심각한 도전을 맞게 된다.

예를 들어 많은 기업들이 경쟁을 할 수밖에 없게 하는, 즉 하나의 생산요소만을 증가시킬 경우 그 생산량의 증가가 점차 감소되는 수확체감의 세계에 기초한 주류경제학과 달리, 디지털 무형재 세계는 생산요소의 증가분보다 수확량이 더 늘어나는 수확체증의 원리가 작동한다. 그 결과 생산 규모가 가장 큰 선발 기업이 다른 후발 기업의 시장 진입을 자연스럽게 봉쇄하기에 시장이라는 제도는 자원의 효율적 배분을 보장해 주지 못한다.

물론 디지털 무형재 세계는 창의성과 자율성이 가치 창출의 핵심 속성이라는 점에서 정부가 대안이 될 수도 없다. 디지털 무형재의 가치 창출과 소비는 협력과 공유에 의해서 만들어짐으로써 시장과 정부를 넘어 경제 운영에서 새로운 원리를 요구하고 있다. 하지만 주류경제학은 시장에 대한 의존에서 벗어나지 못하고 있고, 비판경제학은 시장실패를 정부 역할의 강화에서 찾고 있을 뿐이다.

이처럼 경제활동에서 제조업의 중심적 역할이 크게 약화되고 1960년대부터는 (인간, 이성, 남성, 미국 등의) 중심주의에 기초한 근대 세계질서가 도전을 받고 탈근대(포스트모더니즘) 열풍이 불었다. 경제학도 경제력의 다원화에 따라 경제학에서의 중심주의 해체와 포스트모던적 재구성은 불가피했다. 즉 경제력의 다원화 및 경제의 네트워크화로 경제학은 '협력'의 원리에 기초해 재구성을 요구받았다. 그럼에도 경제학은 흔들림(?)이 없었다. 아니 오히려 반동의 광풍이 휘몰아쳤다. 신자유주의의 핵심적 실행 도구로써 퇴행적이고 반동적인 흐름을 주도하였다.

주류경제학은 시장의 독재를 정당화시켰고 실물 부문을 억압하는 금융의 일탈과 탈구를 '금융 혁신'이라는 이름으로 포장하였다. 또한 주류경제학은 미국의 기득권 유지에 힘썼다. 경제력 다원화로 기축통화시스템은 더 이상 지속 가능하지 않았지만 주류경제학은 달러를 기축통화로 사용하는 달러본위제의 국제통화시스템 문제를 외면하고, 신흥시장국의 외환시장 불안정을 초래할 수밖에 없는 자본이동의 자유화와 변동환율제를 정당화시켰다.

국내 주류경제학자들조차 자본이동의 자유화와 변동환율제로 외환위기의 리스크가 일상화된 신흥시장국이 자위 수단으로 추구한 경상수지 흑자와 외환보유고 축적을 '국제수지(경상수지) 균형' 개념을 내세우며 미국의 이해를 무의식적으로 대변하고 있다.

문제는 경제학의 퇴행으로 산업사회에 기반한 주요 시스템들의 순기능은 약화되고 글로벌 경제의 불안정성이 증대하고 있다는 점이다. 예를 들어 일자리 증가율 하락, 일자리 양극화 및 소득 불평등 악화, 영국·미국 등의 부채 주도 성장과 독일·중국 등의 수출 주도 성장에 따른 글로벌 불균형의 구조화, 청년 일자리 악화, 혁신 약화 등이 나타났고, 결과적으로 글로벌 금융위기와 유로존 위기, 그리고 그 이후 저성장 시대의 도래 및 통합에서 분열의 시대로 전환을 초래하였다. 또한 경제력의 다원화에서 구조화된 미국 무역적자를 해결하기 위해서는 달러 중심의 국제통화시스템에 대한 개혁이 필요함에도 '글로벌 불균형'에 대한 미국(트럼프)식 접근에 주류경제학자들은 무력감을 드러내고 있다. 이처럼 산업사회의 경제학은 탈공업화와 글로벌 경제의 네트워크화라는 새로운 흐름에 적응하지 못함으로써 경제에 대한 정확한 분석과 처방책을 제시하지 못하고 있는 것이다.

무엇보다 만물인터넷(Internet of Everything, IoE)과 인공지능(AI) 등 4차 산업혁명의 진행에 따라 폭발적으로 증가하는 데이터(data)가 새로운 생산요소로 등장하며 주류경제학의 입지는 더욱 좁아지고 있다. 주류경제학이 토지, 노동, 자본을 핵심 생산요소로 간주하는 반면 현실 세계는 데이터가 새로운 가치와 일자리 창출의 생산요소로 부상한 '데이터 경제(the data economy)'로 이동하고 있다. 국가와 기업 등은 데이터 확보 경쟁을 하고 있고, 데이터 확보와 활용을 통해 수익을 만들려는 플랫폼 사업 모델이 확산되고 있는 배경이다.

자본집약적 생산방식은 아이디어 및 데이터 집약적 가치 창출 방식으로 내제되어지녀 토지, 노동, 자본 등 전동적 생산요소는 보조적 생산요소로 전락하고 있다. 전통적 생산요소들이 유형재인 것과 달리 데이터와 아이디어 등은 무형재이기에 경쟁과 사적 소유보다 협력과 공유가 가치 창출에 적합하다. 협력적 혁신이나 공동창조, 이타자리(利他自利)형 사업 모델 등이 혁신과 가치 창출 방식, 사업 모델의 새로운 방식으로 부상한 배경이다. 가치 창출의 원리가 근본적으로 변화하고 있음에도 주류경제학은 경쟁과 사적 소유의 세계에서 한 치도 벗어나지 못하고 있다.

혁신과 가치 창출 방식, 사업 모델의 변화에 따라 노동력의 역할도 변화할 수밖에 없다. 자본집약적 생산방식에서 물적 자본의 보조 역할을 수행하였던 노동력은 로봇 등에 의해 대체되고 데이터 경제에서 노동력에게는 이른바 '4C 역량'(창의성, 비판적 사고, 소통, 협업 역량)이 요구되고 있다. IT 혁명으로 정형화된 업무와 관련된 일자리 감소에 따른 '일자리 양극화'를 이미 경험하였고, 인공지능(AI) 발달로 서비스 일자리의 감소가 진행되고 있기 때문이다.

그런데 산업사회의 교육은 기본적으로 표준화된 지식 전수 및 습득에 초점을 맞추고 있다. 문제는 이렇게 정규교육 과정에서 습득한 지식들은 컴퓨터가 모두 대체할 수 있다는 점이다. 즉 가치 창출 방식은 변화하고 있지만 교육 방식은 여전히 산업사회에서 만들어진 교육제도에 의해 이루어지며 교육과 산업구조의 변화 간 부조화가 선진국에서 청년 실업 문제를 만들어내고 있는 것이다.

그럼에도 기업은 생산성이 높은 노동력을 선호하고 생산성은 교육수준에 비례한다는 단순 논리에 안주하는 주류경제학자들은 고학력 노동력에 대한 기업의 수요가 갈수록 줄어드는 현실을 외면하고 청년들에게 보다 경쟁력을 갖추기만을 강요한다. 교육과 생산성 간의 관계

약화가 산업사회의 교육제도와 새로운 기술(산업) 간의 부조화에서 비롯함을 이해한다면 청년 일자리 문제 해결은 새로운 가치 창출 방식에 부합하는 노동력 양성 방식으로 전면적인 교육제도 수정에서 찾아야 할 것이다.

게다가 기업가치와 고용 규모 간의 관계가 크게 약화되고 있다. 산업사회에서는 기업가치가 커질수록 기업의 고용 규모도 증대하는 경향을 보여 왔다. 즉 주주가치와 일자리 창출이라는 사회적 가치가 일치하였던 것이다. 그런데 플랫폼 사업 모델은 전통적 사업들과 달리 자산 축소(Asset-Lite)형[01] 및 고용 축소(Employment-Lite)형 사업 특성을 보이듯이 기업가치와 고용 규모 간 상관성이 크게 약화되었다. 일자리 창출에서 기업의 역할이 축소되고 있음을 보여주는 것이다.

일자리 패러다임의 혁명적 변화는 20세기 노사관계의 산물인 임금 노동자의 권리도 위협하고 있다. 플랫폼 사업 모델과 관련된 조건부 임시 고용 노동자의 확산에서 보듯이 고용의 질이 급격히 악화되고 있기 때문이다. 게다가 플랫폼 사업 모델의 확산 및 데이터 혁명이 심화되며 IT 혁명으로 심화되던 시장 집중(경쟁 약화)과 소득 불평등은 새로운 단계로 진입하고 있다. 이른바 '플랫폼 독점' 문제이다. 혁신이 줄어드는 등 자본주의의 역동성이 약화되는 배경이다.

다행히 분산과 공유가 핵심 속성인 블록체인 기술의 등장으로 기술

---

01 미국 경제가 금융위기 이전 수준을 완전 회복했음에도 GDP 대비 민간 부문의 투자 비중이 10% 수준(2018년 2분기 기준 17.5%)을 회복하지 못하고 있는데, 이 수치는 금융위기 이전 최고 수준인 2016년 1분기의 19.9%는 물론이고 역사적 평균 수준인 18.5% 수준에도 미치지 못한다. FRB of St. Louis, "Shares of gross domestic product:Gross private domestic investment."

상으로 '플랫폼 독점'을 해결할 가능성은 열리고 있다. 문제는 블록체인 기술이 데이터에 대한 접근 가능성을 증대시킬 뿐 블록체인 기반 플랫폼의 참여자가 새로운 가치 창출에 기여하지 못하는 한 소득 불평등이 해결되기 어렵다는 점이다. 이는 가상통화가 대안화폐로 부상할 수 있는가 하는 문제와도 관련이 있다. 즉 블록체인 플랫폼이 발행하는 가상통화가 대안화폐가 되기 위해서는 실질적 가치가 뒷받침되어야만 한다.

즉 블록체인 기반의 새로운 사업 모델, 즉 분산화된 앱 기반 사업 모델(decentralized application business model, dApp)이나 분산화된 앱 기반 화폐 주조 모델(decentralized application monetization model)의 성공 여부는 분산과 공유에 기반한 블록체인 플랫폼의 참여자들이 가치 창출에 대한 기여가 활성화될 경우 가능할 것이다. 이는 새로운 소득과 일자리 창출, 소득 불평등의 완화, 대안화폐(시스템)의 가능성이 함께 진화할 수밖에 없음을 의미한다.

이처럼 인류 세계는 산업사회를 대체할 새로운 사회질서를 상상하고 만들어내야 하는 과제에 직면해 있다. 이는 플랫폼 공유와 데이터 경제 등이 요구하는 새로운 인간형과 정치 및 경제 질서가 무엇인지를 구명하는 작업을 의미한다. 무엇보다 블록체인 플랫폼과 데이터 경제의 키워드들은 분산과 공유와 협력이라는 점을 주목해야 한다.

먼저 데이터 경제에서 새로운 가치는 아이디어(차이)에서 비롯하고, 그 아이디어를 구체화시키기 위해 여러 기술들을 연결시켜야만 한다. 공유와 협력이 경제활동(혁신)의 새로운 원칙들이 되고 자율성과 호혜성이 새로운 규범들로 부상하는 배경이다. 즉 IT 혁명의 연장선에서 사물

인터넷과 인공지능(AI)과 블록체인 등이 상호작용하면서 진화하는 기술혁신들(Technological Innovations), 즉 데이터 혁명은 산업사회와 자본주의의 원칙 및 규범들과는 거리가 먼 분산, 공유, 협력, 자율성, 호혜성 등을 요구하고 있다. 마찬가지로 공유와 협력 그리고 자율성과 호혜성은 국제경제 질서에서도 새로운 원칙과 규범이 될 수밖에 없다. 경제의 네트워크화에 따라 주요 경제지표 및 경제정책의 글로벌 동조화가 심화되고 있기 때문이다. 이는 글로벌 공공재가 된 국제 공조와 협력이 작동할 수 있는 글로벌 거버넌스 체제의 도입이 필요함을 의미한다.

따라서 분산된 개인 간 공유와 협력이 작동하고, 독립된 국민국가와 국민경제 간 공조와 협력이 제도화되기 위해서는 '자유'를 대신하여 '자율'이 새로운 사회 규범으로 도입되어야만 한다. 이는 새로운 인간형을 의미한다. 그리고 자율성과 호혜성의 원리에 기초한 정치 및 경제 질서에 의해 민주주의와 자본주의가 교체되어야만 할 것이다.

지금까지 보았듯이 사회혁신(Social Innovations)이 없는 기술혁신들은 일자리 대충격이나 초양극화, 반인간적인 인공지능 로봇의 등장 등 디스토피아를 초래할 가능성이 높고, 그 결과 기술혁신은 지속 불가능할 수밖에 없다. 즉 기술혁신이 지속 가능하려면 사회혁신은 불가피하고, 사회혁신이 수반되어야만 인간과 공존할 수 있는 인간적인 인공지능 로봇도 기대할 수 있을 것이다. 이상의 문제 인식에 기초하여 제2장에서는 주류경제학이 답하지 못하는 8가지 핵심 이슈들에 대한 소개와 대안을 제시하고, 제3장에서는 대안들이 요구하는 새로운 인간형, 사회 규범, 그리고 정치 및 경제 질서 등을 소개할 것이다.

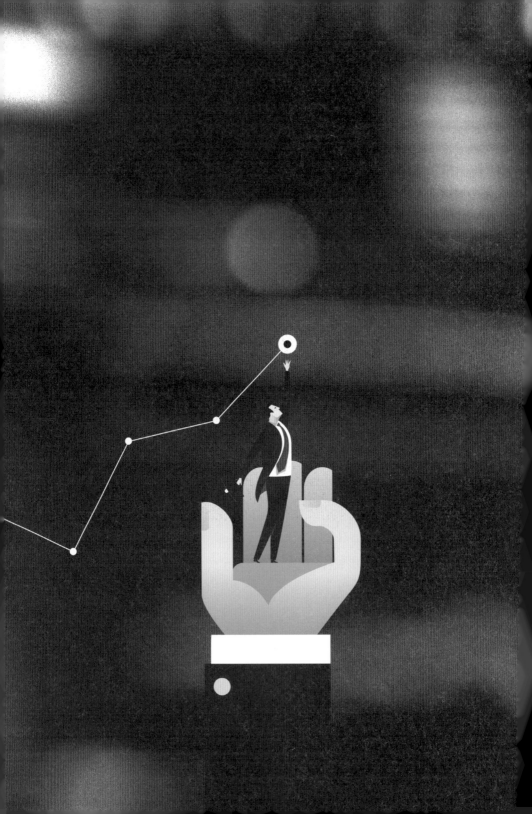

제 2 장

**왜 협력의
경제학인가?**

이슈 1 **무형재 경제의 딜레마 : 시장과 정부의 한계**

오늘날 사람들, 특히 젊은 사람들이 가장 많이 소비하는 상품은 무엇일까? 대부분의 젊은이들은 아침에 일어나 잠들기까지 음원을 소비한다. 그리고 하루의 상당 시간을 온라인 게임 등 모바일 콘텐츠에 소비한다. 그런데 이런 상품들이 거래되는 시장은 자신의 목적인 효율성을 보장해줄까?

주류경제학에서 시장은 한 사회가 가지고 있는 제한된 자원으로 최대의 이익을 만들어준다. 즉 자원을 효율적으로 배분해준다는 믿음으로 시장은 떠받들어지고 있다. 그런데 시장은 음원, 게임 등을 최대한 공급하고 있을까? 방탄소년단의 음원(예:Love Yourself)이나 모바일 게임(예:리니지M)을 소비할 의사가 있는 소비자가 없어서 더이상 공급하지 않는 것일까?

소비자들 중에는 음원 제작사나 모바일 게임 업체가 추가 비용 없이 공급할 수 있음에도 수익 극대화를 위해 책정된 음원이나 모바일 게임 가격이 부담스러워 소비하지 못할 수도 있다. 이처럼 음원이나 게임 등 디지털 무형재(intangible goods)는 추가 비용의 발생 없이 사실상 무제한 공급을 할 수 있음에도 공급이 제한된다는 점에서 시장을 통해 자원이 효율적으로 배분되지 않는다. 이른바 '시장실패'가 발생한다.

무형재를 이해하기 위해 주류경제학에서 재화를 구분하는 주요한 기준 중 하나인 경합성과 배제성의 유무를 언급할 필요가 있다. 경합성은 어떤 사람이 상품을 소비하면 소비한 양만큼 다른 사람의 소비가 제한받는 속성을, 배제성은 값을 지불하지 않을 경우 상품의 소비를 막을 수 있는 속성을 말한다. 그리고 경제학에서 암묵적으로 취급하는 재화는 경합성과 배제성이 모두 있는 경우이다. 이런 재화 중에는 책, 신발, 옷 등이 있는데 개인 간 거래가 이루어진다는 점에서 '사적 재화(private goods)'라 부른다.

정반대로 경합성과 배제성이 모두 없는 재화를 공공재(public goods)라 한다. 예를 들어, 어떤 사람이 국방 서비스를 소비해도 같은 영토 내에 있는 다른 사람은 소비에 제한을 받지 않을 뿐 아니라 값을 지불하지 않아도 소비를 막을 수 없기에 이런 상품은 시장에서 공급되지 않는다. 그렇지만 누구나 소비할 필요가 있기에 정부 같은 공공기관이 공급한다. 세 번째는 지하자원, 초원, 공기, 호수에 있는 고기처럼 소유권을 공동으로 가지는, 엄밀히 말하면 사용권을 공동으로 갖는 공유자원(Common Pool Resources)의 경우 경합성은 있지만 배제성이 없는 재화이다. 공유자원 역시 배제성이 없기에 시장에서 거래되지 않는다. 주류경제학에서는 시장거래가 가능하지 않은 공공재나 공유자원은 비극적인 결과, 이른바 '공유지의 비극'(비효율성)을 낳기에 민간에게 소유권을 이전시켜야 한다고 주장한다. 그러나 이러한 주장은 자원의 공동소유가 경쟁의 원리와 결합될 경우에 국한된다. 공동소유가 협력의 원리와 결합될 경우에는 가장 효율적인 결과를 만들어낼 수 있기 때문이다.

주류경제학에서는 이기심을 인간의 본성으로, 자연 세계를 경쟁으로 이해하고, 인간도 진화 과정을 거치면서 본성이 경쟁적으로 되었다고 가정한다. 그러나 인간과 동물이 무리를 지어 생활하는 이유는 경쟁으로 인한 비용보다 협동으로 인한 이익이 크기 때문이다. 심지어 자연 세계의 생물들은 생존을 위해 동종 혹은 종족끼리 협동할 뿐만 아니라 이종 혹은 다른 종족끼리도 협동을 추구한다. 그리고 인류 역사에서 협동과 유대는 인간의 생존에 중요한 역할을 담당하였다.

실제로 농업사회에서는 협력이 생산력 향상의 핵심 수단이었고, 중국 개혁의 중심에 있었던 향진기업의 효율성은 협조주의 문화로 가능하였다.[001] 사실, 이기심이 인간의 본성으로 보이는 이유는 후천적인 교육에 의한 영향도 무시할 수 없다.[002] 예를 들어, 경제학자들이 경제학 비전공자들보다 더 이기적으로 행동하고 경제학을 수강한 학생들이 그렇지 않은 학생들보다 더 이기적으로 행동하는 것으로 나타났다. 즉 협력은 인간의 생존 및 번영 등을 위해서 중요한 역할을 수행할 수 있다.

문제는 배제성이 있지만 경합성이 없는 재화에 대해 경제학에서는 통일된 명칭이 존재하지 않는다는 점이다. 어떤 이는 한 개 기업이 시장의 모든 수요를 가장 낮은 가격으로 공급할 수 있는 '자연독점'의 특성을 갖는 재화로, 또 어떤 이는 요금을 받을 수는 있지만 동시에 여러 명이 사용 가능한 요금재(toll goods)로 부른다. 경제학자들이 통일된 용어를 만들 능력이 없어서는 아닐 것이고, 기본적으로 이런 재화는 경제학에서 주요 관심사가 아니었기 때문일 것이다.

주류경제학은 1776년 애덤 스미스가 저술한『국부론』에서 시작하여 1970년대에는 대충 완성된다. 이 시기는 정확히 제조업이 소득과 일자리의 핵심 산업이었던 산업화 시기다. 산업화 시기 만들어지는 제조업 생산물은 앞에서 소개한 '사적 재화'이자 눈으로 보고 만질 수 있는 유형재(trangible goods)에 해당한다. 또한 산업화를 통해 이른바 '중산층 사회'가 건설되는데 이들은 농산물을 포함해 기초 공산품을 중심으로 소비하였다.

그러나 기본적인 물질 수요가 충족되고, 일인당 소득이 1만 달러가 넘어가면서 이들은 개인의 선호가 드러나는 소비를 지향한다. 예를 들어, 동일한 가전제품이라도 컬러나 디자인 등에 대한 개인의 선호가 소비에서 중요한 기준이 된다. 그리고 생활 필수품에 대한 소비가 충족되면서 무형재나 제품의 무형가치 부분 등으로 소비가 이동한다. 오늘날 사람들이 소비하는 많은 재화들이 여기에 해당된다. 음원, 게임, 영화 능 데이터나 아이디어 능 부형재부터 옷이나 신발 같은 유형재에서 디자인이나 브랜드 등 무형가치 부분을 소비하고 있다. '역경합성'

은 재화를 사용하는 사람 수가 증가할수록 사용하는 재화의 양이 더욱 증가하고 그 결과 효용도 증가하는 속성이다. 마찬가지로 '포괄성(가치결합성)'은 자신이 소유한 자원의 가치(이익)를 증대시키기 위해 사용을 장려하는 성질을 의미한다.

경제적 가치가 무형재로 이동하는 것은 자연스러운 현상이다. 경합성(소모성)의 제약을 받지 않는 무형재는 시장 수요만 확보하면 매우 높은 수익률이 보장되기 때문이다. 예를 들어 일반 제조업의(매출액 대비) 영업이익률이 5% 안팎 혹은 10%를 넘기 어려운 반면 게임업은 상품성만 확보하면 영업이익률이 30~40%대를 기록한다. 산업화에 따라 노동력과 자본이 농업에서 제조업 부문으로 이동했던 것과 같은 이치이다.

탈공업화 이후 무형재 혹은 무형가치 창출 중심으로 경제활동이 이동한 무형재 경제의 부상에도 제조업 경험에 기초한 주류경제학의 지적 게으름 때문에 무형재에 대한 이론적 공백이 발생한 것이다. 즉 무형재는 배제성은 있으나 경합성이 없는, 심지어 많은 사람들이 사용할수록 해당 자원 혹은 해당 자원으로 만든 상품의 가치와 효용이 증가한다는 점에서 '포괄성(inclusiveness)'과 '역경합성(anti-rivalry)' 특징을 갖는다. '역경합성'은 재화를 사용하는 사람 수가 증가할수록 사용하는 재화의 양이 더욱 증가하고 그 결과 효용도 증가하는 속성이다. 마찬가지로 '포괄성(가치결합성)'은 자신이 소유한 자원의 가치(이익)를 증대시키기 위해 사용을 장려하는 성질을 의미한다. 예를 들어 앱(Apps)을 보면 개발자들이 휴대폰용 운영체제 소프트웨어인 iOS나 안드로이드를 많이 이용해 줄수록 그리고 개발된 앱을 소비자들이 많이 사용해 줄

수록 가치 창출과 해당 앱의 사용에서 발생하는 효용은 증가한다. 그 결과 공유와 협력이 가치 창출의 기본원리가 된다. 무형재를 '협력재 (collaborative goods)'라 부르는 이유다. 그리고 앞에서 소개했듯이 사용할수록 양이 줄어드는 유형재와 달리 무형재는 무한 사용이 가능하기 때문에 시장에 자원 배분을 맡길 경우 자원이 효율적으로 배분되지 않는 '시장실패'의 문제에 직면한다. 즉 비소모성을 특성으로 하는 무형재는 복제에 의해 추가 생산이 가능하기에 추가 공급에 따른 비용(한계비용)이 사실상 발생하지 않아서 거래를 시장에 맡길 경우 '자연독점'으로 귀결될 가능성이 높다. 생산 규모를 확대시킬수록 생산비가 절약되어 수익이 향상되는 '규모의 경제'로 초기 진입자에게 이점을 제공하기 때문이다. 게다가 소문이 나면 비즈니스 기회가 점점 늘어나는 평판 효과, 어떤 재화의 수요자가 늘어나면 그 재화 이용자들이 느끼는 가치도 더불어 늘어나는 네트워크 효과[02], 개별 상품으로 소비하는 것보다 저렴한 가격으로 소비가 가능한 결합상품(product bundling), 지식재산권 등으로 판매와 수익 등에서 시장 집중을 심화시킴으로써 경쟁압력을 약화시킨다. 디지털 혁신이 진전되면서 역설적으로 혁신이 약화된 배경이다.

　문제는 시장이 독점 상태가 되었을 때 기업은 이윤을 극대화시키기 위해 공급을 제한함으로써 가격을 높게 설정하고, 그 결과 많은 사람들이 소비에서 배제가 된다는 점이다. 추가 비용 없이 기업이 공급

---

02 플랫폼 사업 모델이 확산되면서 네트워크 효과는 보다 강화될 것이다. 왜냐하면 더 많은 데이터가 더 많은 가치 창출로 이어지는 네트워크 효과는 플랫폼 고유의 성격이기 때문이다.

을 늘릴 수 있음에도 기업의 이윤 극대화를 위해 사회의 경제적 이득이 극대화되지 못하는 것이다. 즉 투자와 산출량 축소를 통해 마크업(markup, 가격 할증폭)을 증가시킬 수 있었던 것이다.[003] 이처럼 디지털 혁신은 시장 집중, 투자 하락과 생산성 둔화, 소득 불평등 심화, 혁신 약화 등 사회적 비용을 증대시키고 있다. 이에 대해서는 〈이슈 8〉에서 다시 소개할 것이다.

반면, 사회의 경제적 이득이 극대화되도록 기업이 공급하려면 추가 공급에 따른 수입(한계수입)의 기준이 되는 상품 가격을 추가 공급에 따른 비용(한계비용)에 설정해야 하는데, 이 경우 기업은 손실을 보기에 불가능하다. 제조업 제품 등 유형재의 경우 추가 생산에 따른 비용(한계비용)이 체증적으로 증가(한계비용 체증)하기에 일정 규모 이상의 시장 수요만 확보되면 산출량 한 단위당 비용인 평균비용보다 가격이 높게 설정될 수 있는 반면, 무형재의 경우 추가 공급에 따른 비용(한계비용)이 거의 발생하지 않아 가격이 평균비용보다 낮게 책정되기 때문이다. 즉 무형재의 평균비용에는 상품개발 비용이 반영되는 반면, 상품이 개발된 후 추가 공급에 따른 비용이 발생하지 않기 때문에 한계비용에 가격을 설정할 경우 수입은 평균비용보다 낮아져서 손실을 입게 된다.

이런 문제에 대한 전통적 해법은 해당 상품이 공공적 성격이 강할 경우 공기업으로 운영하는 것이다. 사회적 후생을 극대화시킬 수 있도록 한계비용에 가격을 설정하고 이때 발생하는 손실은 국민의 세금으로 뒷받침된 국가 재정으로 보전하는 것이다. 문제는 무형재 산업을 국가가 직접 경영하는 것이 바람직한가이다. 사회 구성원 모두가 소비할 수밖에 없는 무형재의 경우 정부가 가격 통제를 하고 기업의 손실 부분을 보전해주는 것을 검토할 수 있겠지만, 음원이나 게임 등 일반 무형재에 대해 정부가 가격 통제를 하는 것은 바람직하지 않을 것이다. 즉 무형재의 경우 시장에 맡기면 시장실패가 발생하고, 그렇다고 정부개입으로도 해결할 수 없는 문제가 발생한다. 이를 '무형재의 딜레마'라고 한다.

시장과 정부를 넘어 호혜 경제로

〈이슈 1〉에서 보았듯이 무형재의 비경합성은 시장실패를 초래한다. 그리고 시장실패에 대한 전통적 해결 방식 중 하나인 정부 개입(예:게임·음원·영화산업의 공기업화)은 아이디어집약적인 디지털 무형재 산업에는 적합하지 않다. 즉 시장과 정부 모두 아이디어집약적인 무형재 거래에 비효율적임을 보여준다. 결론부터 말하면 무형재의 딜레마를 해결하기 위해서는 경쟁의 원리와 사적 소유보다 협력의 원리와 핵심자원의 공유가 필요하다. 즉 제조업이 시장 교환에 기초하였다면 디지털 무형재 산업은 호혜(reciprocity)에 기초하고 있다.

데이터 혁명으로 가치 창출에서 데이터와 아이디어 등의 역할이 증대하는 등 경제활동에서 무형가치의 비중이 커지고 '경제(성장)의 탈물질화'가 증대하면서 디지털 생태계나 플랫폼의 중요성이 증대하였고[004], 그 결과 디지털 무형재의 비경합성(non-rivalry)은 '역경합성'과 '포괄성'으로 진화하였다.

디지털 무형재의 속성을 이해할 때 생산과 소비에서 협력이 핵심 원리로 부상하는 것은 자연스러운 현상이다. 가치의 '공동창조'(협력적 생산)가 새로운 혁신 모델로 부상한 배경이다. 독립적 생산 방식을 연결 방식(네트워크 방식)으로 전환시킨 가치의 공동창조는 경쟁과 사유에 기반한 경제 운영 패러다임에서 협력과 공유에 기반한 패러다임으로의 전환을 의미한다. 그러나 경제 운영의 패러다임이 전환되기 위해서는 가치 창출에서 협력과 공유가 기존의 독립적 가치 창출 방식보다 효율적임을 입증해야 한다.

이와 관련하여 무형재의 비경합성(비소모성)과 더불어 두 가지 이유를 추가로 지적할 수 있다. 첫째, 시장 변화의 방향에 대한 불확실성이 과거와 비교할 수 없을 정도로 크게 증가한 상황에서 위험 분산이 불가피하고, 위험을 분산시키려면 이익(성과)도 공유할 수밖에 없다. 둘째, 과거에는 전문가만 소유했던 기술이 현재는 널리 이용되고 있는 반면, 기술에 관한 여러 숙련들이 다양한 업무에 필수적인 요소가 되어가고 있다. 즉 여러 기술과 여러 지식 혹은 영역을 결합시키는 역량(소프트 숙련)의 필요성이 증대하면서 협업은 필수 요소가 되고 있다.

가치 창출에서 협력이 효율적 원리가 되면서 상대에게도 이익을 제공하거나 이익을 만들 기회를 제공하는 사업 모델이 확산되고 있는데, 이는 자신이 보유한 핵심 자원에 기초해 자신의 수익만을 추구하는 전통적인 사업 모델이나 자신이 보유한 자원의 독점적 사용으로 이익을 만들어내는 폐쇄적 경제조직인 전통적 기업과는 분명한 차이를 갖는다. 예를 들어, 사람들의 필요와 욕구를 해결해줌으로써 이익을 만드는 사업 모델(예:구글, 페이스북), 새로운 가치(시장)를 만들기 위해 자신이 갖지 못한 자원을 가진 사람과의 협력을 위해 파트너와 이익을 공유하고 일자리 창출의 기회를 제공하는 사업 모델(예:애플의 앱스토어 모델), 앞의 모델과 유사해 보이지만 기존의 시장과 일자리를 대체한다는 점에서 제로섬 성격을 갖는 사업 모델(예:우버, 에어비앤비)이 그것들이다.

반면, 공동창조(협력적 생산)에 의해 가치 창출에 성공하더라도 이렇게 만들어진 무형재의 거래를 시장에 맡길 경우 ('무형재의 딜레마'에서 기술했듯이) 독점의 폐해, 즉 시장실패는 피할 수 없다. 무형재의 시장실패는 수요 창출(매출)의 극대화를 통해 해결이 가능하다. 역경합성과 비소모성이라는 특성으로 수요가 증대할수록 해당 제품의 소비 가치(효용)가 증대하기에 매출이 확대되는 경향이 있고, 매출 증대는(매출액이 모두 수익으로 이어진다는 점에서) 모두 수익 증대로 이어지기 때문이다. 온라인에서 '롱테일 법칙'이 나타나는 이유이다.[03] 예를 들면, 온라인 서점인 아마존닷컴의 전체 수익 가운데 절반 이상은 오프라인 서점에서는 서가에 비치하지도 않는 비주류 단행본이나 희귀본 등 이른바 '팔리지 않는 책'들에 의하여 축적되고, 인터넷 포털 구글의 주요 수익원은 「포천(Fortune)」에서 500대 기업으로 선정한 '거대 기업'들이 아니라 꽃배달업체나 제과점 등 '자잘한' 광고주라는 것이다. 즉 무형재의 초기 개발 비용은 상대적으로 매우 큰 반면, 개발된 상품의 추가 생산·공급(예:복제)에 따른 비용이 사실상 발생하지 않기 때문이다. 따라서 수요의 최

---

03 '롱테일 법칙'은 2004년 10월 미국의 인터넷 비즈니스 관련 잡지 「와이어드(Wired)」의 편집장 크리스 앤더슨(Chris Anderson)이 처음 사용하였다. 앤더슨에 따르면, 어떤 기업이나 상점이 판매하는 상품을 많이 팔리는 순서대로 가로축에 늘어놓고, 각각의 판매량을 세로축에 표시하여 선으로 연결하면 많이 팔리는 상품들을 연결한 선은 급경사를 이루며 짧게 이어지지만 적게 팔리는 상품들을 연결한 선은 마치 공룡의 '긴 꼬리(long tail)'처럼 낮지만 길게 이어지는데, 이 꼬리 부분에 해당하는 상품들의 총판매량이 많이 팔리는 인기 상품의 총판매량을 압도한다는 것이다. 이는 인터넷 발달에 따른 현상으로 분석된다. 인터넷상에서는 예를 들면, 오프라인 서점에서는 서가에 비치되지도 않는 책들까지 모두 소개할 수 있는 등 전시 공간의 제약을 받지 않는다. 이에 따라 전시 비용이나 물류 비용이 매우 저렴해져서 유통구조가 혁신되었으며, 소비자들은 검색을 통하여 자신이 원하는 상품 정보를 찾을 뿐 아니라 다른 소비자들과 소통하여 제품에 대한 다양한 정보를 공유할 수 있게 됨으로써 선택의 폭이 크게 확대되었다. 이러한 조건들이 결합되어 종전에는 비용 대비 저효율로 소비자의 눈에 띌 기회조차 갖지 못하고 외면당하던 제품들이 전체적으로는 인기 상품을 압도하는 결과를 낳아 새로운 비즈니스 모델로 떠오르게 되었다. 공간의 제약을 받지 않는다는 말은 사실상 무형재라는 말이다.

대 창출이 시장실패(무형재의 딜레마) 해결의 관건인 반면, 수요를 확장시키려면 가격을 인하해야 한다.

이처럼 '무형재의 딜레마'는 시장 거래에 참여자를 적극 유도, 확대함으로써 해결이 가능한데 가장 좋은 방안은 소비자의 협력을 끌어내는 것이다. 그런데 매출 극대화를 위해 소비자의 협력을 끌어내려면 소비자의 신뢰를 얻어내는 것이 관건이다. 즉 수요를 최대로 창출하기 위한 공급자 주도 방식(예:광고)의 경우 공급자가 수익만을 추구한다는 소비자의 인식(불신)으로 수요 확장에 한계가 있다. 기업에 대한 부정적 이미지를 극복하고 소비자의 신뢰를 획득하기 위해 '기업의 사회적 책임(CSR, Corporate Social Responsibility)'이 부상한 배경이다.

그러나 '기업의 사회적 책임'으로 소비자의 신뢰를 끌어내는 데는 기본적으로 한계가 있다. 무엇보다 환경친화적 생산이나 수익금 일부를 자선단체에 기부할 경우 기업의 비용 상승이나 수익 하락은 불가피하듯이 사회적 책임과 수익성 확보의 동시 달성은 쉽지 않다. 그 결과 '기업의 사회적 책임' 모델은 큰 진전을 이루지 못하고 있다.

반면, 같은 목표를 공유하는 소비자 간에는 상대적으로 신뢰가 구축되어 있기 때문에 소비자에게 판매 역할을 맡기는 것이 수요 창출의 효과적 방법이 될 수 있다. 즉 공급자에 대한 불신이 근본적으로 해결되기 때문이다. 특히, 소비자는 유형재와 달리 무형재로부터 비물질 측면인 경험을 소비한다. "고객을 끌어당기고 싶다면 제품이 아닌 기억에 남는 '체험'을 팔아라" 혹은 "비즈니스는 마음을 훔치는 연극"이라는 마케팅 구호가 이러한 흐름을 대변한다. 즉 소비자와의 상호작용(소통)이 중요해졌다.

이처럼 고객과의 접점이 중요해진 가운데 시장 참여자들 사이의 소통 방식도 페이스북이나 트위터, 유튜브와 같은 '소셜 네트워크 서비스(SNS)' 혹은 '소셜 웹 서비스(social web service)' 등을 통해서 그 어느 때보다 직접적이고 친밀한 관계 형성이 가능해졌다. 즉 소비자들의 체험(정보) 공유가 용이해지면서 소비자들의 협력을 끌어내는 것이 기술적으로 가능해진 것이다. 실제로 기업과 제품에 대한 소비자들의 평가가 후속 구매자들이 가장 중요시하는 정보가 되면서 판매 극대화 전략은 '협력적 소비'에 의해 결정되고 있다. 고객이 홍보를 해주는 방법, 즉 '바이럴 마케팅(viral marketing)'이 등장한 배경이다.[04]

현재까지 매출 증대를 소비자의 참여에 의존하는 방식은 '소셜 커머스(social commerce)' 방식부터 '사회적 책임의 공유(Shared Social Responsibility)' 방식까지 다양한 시도가 이루어지고 있다. 그런데 '소셜 커머스' 방식은 공급자가 가격을 결정한다는 점에서 여전히 소비자의 적극적 협력을 끌어내는 데는 한계가 있다.

반면 '사회적 책임의 공유' 방식은 소비자의 자발적 참여를 끌어낼 수 있다는 점에서 '무형재의 딜레마'를 해결하는 실마리를 제공한다. 앞에서 지적했듯이, 무형재의 경우 가격 하락에 따른 판매량(수입) 증대가 기업 수익을 보장할 가능성이 높지만 효과를 기대할 만큼 판매량이 증대하기 위해서는 기업에 대한 고객의 불신 해소와 소비자의 자발적 참여 유도가 필요하다.

---

04 바이럴 마케팅이란 바이러스와 오럴의 합성어로써 입소문 마케팅을 의미한다. 바이럴 마케팅이 스마트폰, SNS 등 인터넷 시대의 등장으로 가능해졌듯이 무형재 경제는 인터넷 기반의 기술진보와 관련성을 갖는다.

후자를 해결하는 최선책은 소비자가 스스로 가격을 결정하는 방식이다. 문제는 무임승차의 가능성을 최대한 차단해야 하는 점이다. 이 문제와 관련하여 '사회적 책임의 공유' 방식은 자발적 참여와 무임승차의 문제를 극복하기 위해 수입(가격)의 일정 비율(예:1/2)을 사회적 책임의 실행을 위한 지출과 연관시킨다. 즉 소비를 통해 사회적 책임을 일정 부분 공유한다는 인식을 소비자에게 심어줌으로써 무임승차 문제를 최소화할 수 있기 때문이다. 이처럼 '사회적 책임의 공유' 방식은 공급자의 수익 극대화와 사회적 후생 극대화를 결합시킬 수 있다.

이와 관련하여 『사이언스(Science)』[005]는 공급자 주도의 전통적 시장 거래 방식, 기업의 사회적 책임을 결합한 방식, 소비자의 지불 의사에 따라 가격을 책정하는 '자발적 가격 지불' 방식(Pay-What-You-Want Pricing, PWYW)', 그리고 자발적 가격 지불에 사회적 책임(예:자선기부)을 결합한 '사회적 책임 공유' 방식의 결과를 비교하는 현장실험을 소개했다. 예를 들어, (안전 차원에서 모니터 되고 있는) 놀이공원에서 롤러코스터(roller coaster)를 타는 고객의 사진을 찍어주고 사진 현상을 원하는 고객에게 다음 〈표 1〉에서처럼 네 가지 방식을 제시하였다. 첫 번째는 공급자가 결정한 가격(12.95달러)을 받고 사진을 판매하는 전통적인 시장 거래 방식, 두 번째는 첫 번째 방식의 가격을 제시하되 판매 수입의 1/2을 자선단체에 기부하는 '기업의 사회적 책임' 방식, 세 번째는 소비자가 원하는 대로 가격을 지불하는 '자발적 가격 지불' 방식, 네 번째는 소비자가 자발적으로 가격을 지불하되 판매 수입 절반을 사회에 기부하는 이른바 '사회적 책임의 공유' 방식이었다.

〈표 1〉 '사회적 책임의 공유'에 대한 현장실험 결과

사진 가격(평균)	구매율(%)	사진 판매 수입	이용 고객	고객당 이윤
$12.95	0.50	$1,823	28,224	
$12.95 + 기부	0.59	$2,331	30,592	$0.071
PWYW ⇒ $0.92	8.39	$2,175.80	28,263	
PWYW + 기부 ⇒ $5.33	4.49	$6,224.22	25,968	$0.198

주 : 실험 참여자의 수=113,047명; PWYW=pay what you want
출처 : A. Gneezy, U. Gneezy, L. Nelson, and A. Brown, 2010.

결과는 '사회적 책임의 공유' 방식이 판매 수입이나 기업의 수입 모두 가장 높았다. 소비자의 자발적 가격 지불 방식은 기업이 일방적으로 가격을 책정한 방식보다 상품 구매율을 약 14~17배 높였으나 판매 수입은 증가시키지 못했다. 즉 '무임승차 문제'가 발생한 것이다. 반면, 소비자의 자발적 가격 지불 방식에 소비자의 사회적 책임 유인을 결합시킴으로써 '무임승차 문제'를 상당히 해결할 수 있었던 '사회적 책임의 공유' 방식은 판매 수입을 크게 증가시킬 수 있었음을 보여준다.

'사회적 책임 공유' 모델의 현장실험 결과가 시사하는 것은 매출을 극대화시키기 위해서는 무임승차 문제 해결을 전제로 소비자의 자발적 협력을 끌어내는 것이 '무형재 딜레마' 해결의 관건임을 보여준다. 이론적으로 기업의 기대수익 확보를 전제로 소비자에게 가격 결정권을 위임하는 방식은 소비자와 기업, 그리고 사회적 후생 모두를 증대시킨다. 소비자는 가격 인하와 더불어 추가 소비자의 참여가 가능해지고, 기업은 기대수익 확보와 더불어 시장점유율이 확대되고, 사회 차원에서는 경제적 후생이 증가하기 때문이다.

이를 좀더 구체적으로 설명해보자. 지금까지는 기업이 공급하는 (디지털) 상품에 대한 시장 수요가 주어졌을 때 기업은 자신의 수익이 최대가 되도록 가격을 결정한다. 그런데 여기서 기업에게 기대되는 수익 확보를 전제로 기업이 소비자에게 가격 결정권을 넘겼을 때 소비자가 주도하는 가격 인하로 소비자 참여가 크게 증가할 가능성이 높고, 그 결과 매출이 크게 증가하고 추가 매출은 모두 수익으로 잡히기에 기업이 요구하는 기대수익의 확보뿐만 아니라 매출이 크게 증가함으로써 시장점유율도 확대시킬 수 있다.

이를 무형재 경제의 딜레마 문제에 적용하면 기업(공급자)은 가격 결정 권한을 소비자에게 넘겨주고, 소비자는 공급자 주도로 결정한 가격에서 발생하는 기업 수익의 보장을 전제로 가격 인하를 통해 수요를 최대로 창출하는 '협력적 소비'로 표현할 수 있다.

이처럼 디지털 무형재 경제에서는 생산과 소비 활동에서 협력이 핵심원리로 부상하고 있다. 디지털 무형재 경제에서 관계가 중요한 개념으로 부상하는 이유도 관계가 지속적인 혁신과 협업이 될 수 있도록 만들어주는 핵심고리이기 때문이다. 경제활동에서 협력의 중요성이 증대하고 협력을 통해 모두의 이익을 만드는 '호혜성의 원리'가 부활하는 이유이다. 즉 무형재 경제는 협력의 경제학 혹은 호혜 경제학을 요구하고 있다.

주류경제학에서 일자리와 성장(국민소득의 증가)은 일대일의 관계를 형성한다. 이론적으로 주류경제학에서 성장은, 특히 단기적으로는 고용 증가, 즉 실업 감소와 일대일 대응관계를 갖기 때문이다. 그 결과 많은 경제학자들은 성장률을 높이는 것이 일자리 문제에 대한 최선의 해법이라고 주장한다.

그러나 성장주도의 일자리 패러다임은 탈공업화 및 산업구조의 변화, 산업구조 변화에 조응하지 못하는 낡은 교육방식의 지속, 일자리 창출의 주역이었던 기업의 성격 변화 등을 외면하면서 일자리 위기의 조력자가 되고 있다.

첫째, 경기가 회복 국면으로 전환된 후 8분기(2년)가 지났음에도 침체 이전의 고용 수준이 회복되지 않는 현상을 의미하는 '고용 없는 경기회복(성장)'이라는 용어가 진부한 표현이 됐듯이 성장과 고용의 관계는 크게 약화되었고 앞으로 더 약화될 가능성이 높다. '고용 없는 경기회복(성장)'은 1990년대 초 경기 침체에서 처음 나타난다. '고용 없는 경기회복(성장)'이 문제가 되는 것은 경기회복이 플러스(+) 성장률을 의미하고, 이는 이론적으로 고용 증가를 수반해야 하는데 경기 회복에도 불구하고 고용이 상당 기간 증가하지 않기 때문이다. 더구나 미국의 경우 직장과 연계된 의료보험 체계와 더불어 최대 실업급여 지급 기간 단축 등을 통해 실업자에게 눈높이를 낮추어서라도 신속한 노동시장 재진입을 강요한 노동시장 유연화에도 불구하고 높은 실업이 장기간 지속되는 문제가 발생하였다. 미국이 1990년대 중반부터 저소득층에 대한 주택금융(빚 늘리기) 지원을 통한 주택시장과 경기부양이라는 포퓰리즘으로 돌아서고, 그 결과 금융위기를 자초한 배경이다.

금융위기 이후 만 7년간 제로금리와 천문학적 규모의 새 돈 찍어내기로 실업률은 완전고용을 달성하였지만, 실업률 지표 중심의 고용 상황 파악은 일자리 문제의 실상을 제대로 반영하지 못하고 있다. 즉 실업률만 보면 금융위기 10년이 넘은 상황에서 미국은 경기회복을 넘어 과열 상황이라 할 수 있다. 미국 연준의 자연실업률[05] 추계를 보면 2018년 2분기와 3분기에 4.62%이지만 2018년 9월 실제 실업률은 3.7%였듯이 완전고용을 이미 초과 달성했기 때문이다.

참고로 연준은 2019년에도 자연실업률을 4.61%로 추정하고 있다. 이처럼 실업률이 완전고용 수준임에도 실제로 생산활동이 가능한 인구 중 경제활동에 참여하는 인구 비율인 경제활동 참가율(≡경제활동인구/15세 이상 인구)이나 실제의 취업자 비중을 의미하는 고용률(≡취업자/16세 이상 인구)을 보면 매우 실망스럽다. 2018년 9월 기준 고용률이나 경제활동 참가율은 금융위기 직전 최고 수준보다 각각 2.9%포인트와 3.7%포인트 낮은 수준이기 때문이다. 실업률이 낮아지면 고용률이나 경제활동 참가율도 동시에 회복된 과거의 경향이 더 이상 확인되지 않는다.

이러한 변화는 인구구조의 변화도 관련이 있지만 무엇보다 일자리가 충분히 만들어지지 않는 데서 비롯한다. 탈공업화 이후 일자리 증가율

---

05 노동시장이 정상적으로 기능하는 상태에서의 실업률로 자발적 실업자, 단기적으로 불가피하게 발생하는 실업자, 산업구조의 변화 과정에서 발생하는 실업자 등을 제외한 완전고용 수준의 실업률

이 지속적으로 하락하고 있기 때문이다. 미국의 경우 일자리 증가율은 1970년대 연평균 2.6%, 1980년대 1.6%, 1990년대 1.3%, 2000년대 0.9%, 그리고 최근 10년간(2006~16년)은 0.5%로 하락해오고 있다.

우리 경제의 경우에도 일정 기간 동안 10억 원 산출액당 투입된 취업자 수를 나타내는 취업계수가 2000년 25.77명에서 2009년 19.78명으로, 그리고 2017년에 17.18명으로 계속 하락하고 있다.[06] GDP 1%가 증가할 때 취업자 변화율 정도를 나타내는 고용탄성치를 보면 상대적으로 좋은 일자리를 공급하는 제조업의 경우 1980년대에 0.43이었으나 2000년대(2000~2008년)에는 −0.10까지 하락했다.[006] 경제 전체적으로도 2014년 0.72에서 2015년 0.39, 2016년 0.30, 2017년 0.39, 2018년 0.11(예상 추정치)로 하락하고 있다.

일자리 증가율의 하락은 탈공업화와 더불어 3, 4차 산업혁명에 따른 자동화 및 아이디어집약적 산업구조로 변화하는 데에서 기인한다. 즉 제조업의 경우 자동화로 일자리 창출 능력은 갈수록 감소하는 반면, 앞에서 소개했듯이 게임, 음원, 앱(App), 플랫폼 사업 등 무형재 산업의 경우 대부분의 일자리는 상품을 개발하는 단계에서만 창출될 뿐 산출량이 증가해도 고용은 증가하지 않는다. 개발된 상품이 시장에 판매될수록 기업의 수입은 증가하고 GDP 증가(성장)에 기여하지만 일자리는 추가로 만들어지지 않는다. 이처럼 생산량이 증가할수록 GDP와 고용이 증가하는 제조업과 달리 데이터 및 아이디어 집약적 무형재 산업의 경우 성

---

06 투자의 고용 유발(10억 원당 명) 효과도 22.5(2000년)→16.7(2005년)→13.7(2010년)→13.2(2014년)로, 수출의 고용 유발(10억 원당 명) 효과도 15.7(2000년)→10.8(2005년)→8.3(2010년)→8.1(2014년)로 하락하고 있다.

장에 비례해 고용이 발생할 수 없는 산업이다. 제조업의 경험에 기초한 주류경제학이 산업구조의 변화 속에 무력감을 드러내는 이유다.

둘째, 성장 주도의 일자리 해법은 청년 일자리 문제에서도 무력감을 드러낸다. 오늘날 산업화가 달성된 사회, 이른바 선진국에서 청년 실업은 사회 전체 평균 실업률의 2~3배 수준[007]에 달하는데, 이는 주류경제학으로 설명되지 않는다. 이론적으로 기업의 고용은 노동생산성이 결정하고, 노동생산성은 교육수준이나 숙련 등 인적자본에 의해서 결정된다.

그러나 선진국에서 청년 실업자들은 고학력자임에도 일자리 문제에서 어려움을 겪는다. 이는 교육 수준과 생산성의 연관성이 약화되었음을 의미한다. 실제로 세계에서 대학 경쟁력이 가장 높은 미국에서조차 2000년대 이후 대학 교육에서 습득한 인지량과 대졸자가 취급하는 직무 간 연관성이 급감했음이 확인된다.[008] 자본집약적인 생산방식에 기반한 제조업에 필요한 인력을 공급했던 산업사회의 교육 방식이 무형재 경제에 적합하지 않음을 보여주는 것이다.

교육 문제는 창업 역할 약화에서도 확인된다. 〈그림 1〉에서 보듯이 창업한 지 1년 미만의 신생 기업이 민간기업에서 차지하는 비중은 1970년대 말 16% 이상에서 2014년 8%로 하락했고, 전체 민간기업 고용 중 신생 기업의 고용 비중은 같은 기간 동안 약 6%에서 2.1%로 하락하였다.[009] 5년 미만의 신생 기업의 고용 비중도 1982~2015년간 1/3로 하락했다.[010] 이에 대해서는 〈이슈 8〉에서 자세히 소개할 것이다.

셋째, 전통적으로 일자리 창출의 주역은 기업으로 되어 있다. 많은 경

〈그림 1〉 미국에서 혁신의 약화

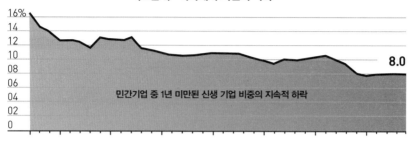

민간기업 중 1년 미만된 신생 기업 비중의 지속적 하락

8.0

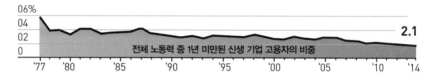

전체 노동력 중 1년 미만된 신생 기업 고용자의 비중

2.1

출처 : J. Sparshott, "Sputtering Startups Weigh on U.S. Economic Growth: Decadeslong slowdown in entrepreneurship underscores transition in American labor market," Wall Street Journal (Oct. 23, 2016). http://www.wsj.com/articles/sputtering-startups-weigh-on-u-s-economic-growth-1477235874 posted on Oct. 16, 2018.

창업한 지 5년 미만 신생 기업의 비중

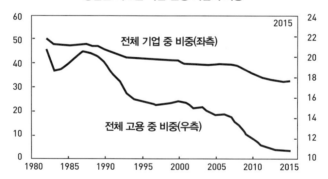

2015

전체 기업 중 비중(좌측)

전체 고용 중 비중(우측)

출처 : J. Furman, and P. Orszag, "Slower Productivity and Higher Inequality : Are They Related?" PIIE WP. 18-4, June 2018, P. 9, Figure 6b.

〈표 2〉 미국 5대 기업의 시장가치와 고용 규모, 1982년과 2017년

1982년		2017년	
기업가치 순위	고용 규모(천 명)	기업가치 순위	고용 규모(천 명)
IBM	365	Apple	123
AT&T	822	Alphabet	80
Exxon	173	Microsoft	124
GE	367	Amazon	566
GM	657	Facebook	25
합계	2,384	합계	918

출처 : 1982년의 경우 Compustat. J. Davis, "Capital markets and job creation in the 21st century," Center for Effective Public Management at Brookings, 2015, p. 7, Table 1에서 재인용; 2017년 기업들은 파트타임 일자리를 포함한 것이고, 기업가치 5위는 377천 명을 고용한 Berkshire Hathaway 인데 금융업이라 제외. 2017년의 경우 시장조사기관 스태티스타(Statista)에서 인용

제학자들이 일자리는 기업이 만들도록 해야 한다고 주장하는 배경이기도 하다. 제조업 기반의 산업사회에서는 기업의 목표와 고용 증가가 일치하였다. 법적으로 기업의 주인은 주주이고, 주주는 주주가치 극대화 방향으로 기업 경영을 원한다. 주주가치를 대표하는 기준은 주가라는 점에서 주주의 목표는 기업의 시장가치 극대화로 이해할 수 있다. 전통적으로 기업가치가 큰 기업일수록 일반적으로 고용 규모도 비례하였다.

그런데 산업구조의 변화 및 수익 창출 원천이 변화하면서 기업가치와 고용 규모가 분리되고 있다. 미국 최대 기업가치의 기업을 보면 40년 전에 비해 10배 이상 증가했지만 고용은 1/3에 불과하다. 〈표 2〉는 기업가치가 크다고 해서 고용 규모가 비례하지 않음을 보여준다. 즉 일자리 창출에서 기업의 기여도가 낮아지고 있다. 산업사회의 대표 산업과 무형재 경제의 대표 기업들을 비교하면 보다 극명하게 드러난다. 1990년 미국 디트로이트의 3대 자동차 회사의 기업가치와 고용 규모

는 각각 360억 달러와 120만 명이었던 반면, 2014년 실리콘밸리의 3대 기업은 각각 1조 달러와 13만7천 명이었다.[011]

넷째, 성장 주도의 일자리 해법은 고용 양 측면에서 뿐만 아니라 고용 질 악화에서도 무력감을 드러낸다. 컴퓨터의 발전과 스마트폰 앱은 고객을 상품과 서비스 제공자에 보다 신속하고 편리하게 연결시키고 있다. 이른바 '우버화 현상(Uberization)', 즉 이용자의 주문(요구)에 따라 상품이나 서비스를 제공하는 '긱경제(gig economy; online gig or on-demand economy)'의 발흥이다. 한편으로는 단기 성과와 효율성에 대한 자본시장 압력에 대응하기 위해, 다른 한편으로는 일반적으로 앱을 통해 노동자를 고객에게 연결시키는 하나의 플랫폼, 즉 플랫폼 기반의 경제조직으로 변화하면서 상품이나 서비스 수요의 단기 변동에 대응하여 노동력을 조건부로 임시 고용(contingent workers)함으로써 유연성의 이점을 확보하고 노동비용을 절약하고 있다. 더 근본적으로는 기술이 진보하면서 장기 고용으로 숙련된 노동력을 확보할 필요 없이 하도급 관계를 통한 외부 계약으로 전문적이고 숙련된 노동력 확보가 가능하게 된 것이다.

문제는 노동조건이 크게 악화되고 있음에도 산업화 과정에서 많은 희생의 결과로 확보한 노동권이 무력화되고 있다는 점이다. 즉 조건부 임시 고용 노동자 혹은 플랫폼 연결 노동자는 스스로 찾은 고객에게 상품이나 서비스를 제공하는 독립 계약직이나 프리랜서 노동자와 더불어 자영업자다. 하지만 사업장을 갖고 있지 않은 노동자(self-employed but unincorporated)라는 점에서 자영업자로 분류될 수도 없다. 또한, 취업 알선소와 전화만 하면 달려가는 관계를 통해 임시로 고용되는 노동 형태로, 현대 고용 규제의 틀을 제공한 1935년 와그너법(Wagner Act)과 1938년의 공정 노동 기준(Fair Labor Standards Act)에서 분류한 고용인(employee)과 고용주(employer) 중 어디에도 소속되지 않는다.

즉 현재의 법적 범주에서 노동자는 고용인 혹은 독립적 계약자로 분류하고, 미국 법은 고용인을 고용하는 고용주에게 최저임금, 초과 시간 규칙, 노조결성권, 시민권 보호 등의 규제를 부과하고 있기에 조건부 임시 고용 노동자는 고용인에 대한 법적 권리의 사각지대에 놓이게 된다.[07] 게다가 전통적인 오프라인 노동시장은 매우 지역적인 반면, 온라인 노동시장은 장거리 거래를 허용하고 시장의 수요자 및 공급자 양쪽에 있는 개인에게 세계 시장에 대한 접근을 가능케 한다.

부상하고 있는 디지털 노동 플랫폼은 노동시장 통합의 잠재력과 더불어 노동조건의 악화를 보여준다. 실증 연구는 플랫폼에 연결되어 업무를 적극적으로 수행하는 개인이 많을수록 해당 지역의 높은 실업 및 특정 근로자로 하여금 노동을 공급하게 하기 위해 지불해야 할 최소한의 임금을 말하는 의중임금(reservation wage) 하락과 밀접한 연관이 있음

---

07 일자리와 노동권의 관점에서 플랫폼은 재앙에 가깝다. 노동자 아웃소싱의 가장 극단적인 형태인 린 플랫폼은 복지 및 초과근무 수당, 병가 등의 비용을 제로로 함으로써 인건비를 약 30% 절약한다. 노동의 수요·공급과 수행이 온라인 플랫폼에서 이뤄지는 클라우드 노동의 대표적인 아마존 미케니컬 터크(AMT)에서는 업무의 90%가 시간당 2달러 이하이다. 미국 노동통계국(BLS)은 미국에서 전통적인 고용계약과 다른 형태의 계약직 일자리가 2005년 노동 인구의 10.1%에서 2015년 15.8%로 증가했다고 분석했다. 같은 기간 일자리는 910만 개 증가했지만 거의 대부분이 기본적인 노동권이 작동하지 않는 취약한 일자리였다. 플랫폼 경제가 노동에 의미하는 바는 임금 비용 감소, 자동화로 인한 일자리 축소이다. 장흥배, "규제 완화, 플랫폼 경제의 공공성을 사유화하기", 프레시안, 2018.08.18. posted on Aug. 18, 2018. http://www.pressian.com/news/article.html?no=207671&utm_source=naver&utm_medium=mynews

을 보여준다.[012]

이처럼 토지, 노동, 자본 등이 3대 생산요소였던 산업사회와 달리 데이터와 아이디어 등이 새로운 생산요소로 부상하면서 산업구조는 자본집약적에서 데이터 및 아이디어 집약적으로 변화하고 있고, 그 결과 플랫폼 사업 모델이 확산되고 플랫폼 연결 노동자들은 급증할 가능성이 높아지고 있다.

게다가 무형재 경제의 확산을 가속화시키는 4차 산업혁명으로 조건부 임시 고용 노동자를 소멸시킬 가능성이 높아지고 있다. 농업사회에서 산업사회로 이행하는 과정에서 기술진보가 일자리 충격을 야기했듯이 산업사회에서 데이터 사회로의 이행을 가져오고 있는 3, 4차 산업혁명은 또 다른 일자리 대충격을 가할 가능성을 높이고 있다.

많은 경제학자들은 기술진보가 없어질 일자리보다 새로운 일자리를 더 많이 창출할 것이기에 일자리 충격은 없을 것으로 낙관하고 있다. 그러나 이러한 관점은 사회질서의 근본적 변화가 없는 가운데 진행되는 기술진보와 사회질서의 근본적 변화를 초래하는 기술진보의 충격을 구분하지 못하고 있다. 산업혁명들이 일자리에 미치는 영향은 〈이슈 8〉에서 자세히 소개할 것이다.

이처럼 주류경제학이 일자리 문제에 무력한 모습을 보이는 것은 산업구조의 변화 및 사회질서의 근본적 변화를 외면하고 있기 때문이다. 이런 점에서 주류경제학은 오래전부터 탈공업화가 진행되고 있는 현실을 무시하고 제조업 경험에 기초해 만들어진 이론을 고집하는 시대 부적응 경제학인 것이다.

호모 데우스 인간형과 협력적 배분

탈공업화와 더불어 3, 4차 산업혁명의 진행으로 일자리 패러다임은 근본적으로 변화하고 있다. 앞에서 지적했듯이 제조업 중심의 경제에서 작동하였던 성장을 통한 일자리 만들기는 그 효과가 약화되고 있다. 예를 들어 제조업 제품 등 유형재의 경우 상품개발 과정보다 개발된 상품(예:자동차)의 생산량을 증가시킬 때 투입되는 노동력이 증가하는 반면, 디지털 무형재(예:앱, 게임, 음원)의 경우 대부분 노동력은 상품개발 과정에서만 역할을 한다.

또한, 서비스 제공이 증가하면 노동력 투입이 증가하는 전통적인 서비스업(예:운송 서비스, 의료 서비스 등)과 달리 아이디어집약적인 플랫폼 사업 모델(예:우버, 에어비앤비, 99designs 등)의 경우 대부분 노동력은 사업 모델 구축 과정에서 필요하다. 직접적인 서비스 제공은 운송 수단이나 주거 수단 소유자, 디자인 제작자 등이 수행하기 때문이다. 게다가 플랫폼에 연결된 노동력의 경우 해당 국가에 국한되지 않는다. 플랫폼 기반 기업의 매출액이나 수익 증대는 성장에 기여하지만 노동력 창출에는 기여하지 않고 있다. 기업가치와 고용 규모의 상관성이 약화된 배경이다.

3, 4차 산업혁명으로 표현되는 기술진보로 제조업의 생산 자동화가 가속화되면서 제조업의 생산량 증대(성장)가 고용 창출에 미치는 효과는 약화되고 있다. 이른바 농업 생산성 증대로 농업 종사자가 줄어들듯이 제조업의 생산성 증대로 제조업 종사자가 줄어드는 '제조업

의 농업화' 현상이 심화될 것이다. 마찬가지로 인공지능(AI) 로봇, 3D 프린터, 드론, 자율주행차 등의 등장으로 많은 공장 노동자, 택배 기사, 우버 기사, 전문직 등 일자리가 소멸될 것이다.

디지털 무형재와 플랫폼 사업 모델 등의 경우 기본적으로 상품개발 과정이나 사업 모델 구축 과정에서(양질의) 노동력이 요구된다. 즉 상품개발 역량이나 사업 모델 창출 역량 등이 요구된다. 노동력에게는 흔히 새로운 상품을 개발하거나 새로운 사업 모델을 만들어내기 위해서 문제를 찾아내는 역량과 더불어 문제를 해결하는 역량 등의 필요성을 얘기한다.

그렇다면 탈공업화와 3, 4차 산업혁명[08]이 진행되는 향후 사회에서 필요로 하는 구체적인 역량은 무엇일까? 이를 이해하기 위해서는 3, 4차 산업혁명의 본질인 '연결(네트워크화)'을 이해할 필요가 있다. 즉 인간 세상을 구성하는 거의 모든 요소들이 다 연결되는 실시간 '초연결사회'가 도래하고 있다.

'사물인터넷(Internet of Things)'을 넘어 만물이 인터넷에 연결되는 '만물인터넷(Internet of Everything, IoE)'에서는 데이터가 폭발적으로 증가할 수밖에 없고, 그 결과 노동-토지-자본 등이 주요 생산요소인 산업사회와 달리 '데이터'가 주요 생산요소가 된다. 예를 들어, 모바일 디바이스 및 사물인터넷 등에 의해 제공된 풍부한 데이터가 R&D, 상품, 서비스 개발을 위한 강력한 연료가 되고 있다. 플랫폼 사업 모델이 확산되는 배경도 데이터 확보와 관련이 있다.

---

08 4차 산업혁명은 3차 산업혁명의 연장선에 있기에 묶어서 표현한다. 그 이유에 대해서는 〈이슈 8〉에서 소개한다.

구체적으로 데이터는 소프트웨어의 지원을 받아 아이디어의 생성과 탐색을 가능케 한다. 즉 컴퓨터를 이용하여 사람 언어의 이해, 생성 및 분석을 다루는 인공지능 기술인 자연어 처리(natural language processing) 및 네트워크 분석(network analytics)은 인간의 지능 및 창의성으로 하여금 거대하고 체계화되지 않은 데이터베이스에 저장된 정보로부터 고객의 트렌드 및 경쟁자의 움직임 등에 대한 가치 있는 통찰력을 획득할 수 있게 한다.

따라서 데이터라는 새로운 자원을 활용하여 새로운 가치 및 일자리 등을 만들어내야만 한다. 데이터 확보는 가치 및 일자리 창출의 필요조건이고 충분조건은 데이터의 활용 역량이다. 즉 데이터가 가치와 일자리 창출로 연결되기 위해서는 소통을 통해 사람들의 욕구를 읽어내고(문제 탐구 역량), 그 욕구를 구현하기 위해 활용할 기술에 대한 이해가 필요하다(문제 해결 역량).

기본적으로 문제를 찾아내는 역량은 다르게 보고 새롭게 생각하는 '비판적 사고'를 요구한다.[09] 다르게 보고 새롭게 생각한다는 것은 새로운 아이디어를 의미한다. 그런데 아이디어는 흥미를 가져야만 발현되기 쉽다. 특히, 기술이 빠르게 변화하는 상황에서 새로운 기술에 적응하려면 끊임없이 배우려는 자세가 필요하다. 따라서 일에 흥미를 가진 사람일수록 끊임없이 배우려는 자세를 가질 가능성이 높다.

다음으로 데이터 경제에서 문제를 해결하는 역량은 팀워크, 소통 기

---

09 예를 들어, 애플 혁신의 원천에 "다르게 생각하라(Think Different)"라는 슬로건이 있는 배경이다.

술, 조정, 협상, 설득, 사회에 대한 통찰력 등 다른 사람과 함께 일하는 능력인 '사회(형)성 기술(social skills)'을 요구한다.[013] 앞에서 지적했듯이 과거에는 전문가만 소유했던 기술이 현재는 널리 이용되고 있는 반면, 여러 숙련된 기술들이 다양한 업무에 필수 요소가 되어가고 있다.

즉 기술이 융합성·복합성 특징을 가지며 새로 등장하는 업무들이 다양한 분야의 기술 결합을 요구하고 있기 때문이다. 따라서 여러 기술과 지식 혹은 자원을 결합시키는 역량의 필요성이 증대하면서 협업은 필수적 요소가 되고 있다.

생각을 표현해주는 도구인 소프트웨어 개발에서조차 시스템의 일치성 유지가 절대적이기에(웹 개발자, 서버 개발자, 디자이너 등) 여러 개발자 간 협업이 필수적이다. 한국이나 미국 등에서 대학생이 갖추어야 할 능력으로 문제해결, 기술 이해 및 활용, 의사소통, 대인관계 등을 지적하는 배경이다.[014]

이러한 역량들은 글로벌 기업이 인재에게 요구하는 것이다. 예를 들어, 구글은 자신이 필요한 인재상으로 흥미를 갖고 항상 배우려는 자세와 다른 사람과 협업할 수 있는 능력을 핵심 조건으로 제시하고 있다. 즉 개개인 능력이 아무리 뛰어나고 최고의 대학을 졸업했어도 자신의 일에 큰 흥미가 없거나 다른 사람과 협업하지 못하면 구글에서 일하기 어렵다.

반면, 지금까지 대학을 비롯해 학교 교육은 제조업에 적합한 인력을 양성하는 데 초점이 맞춰져 있다. 자본집약적인 제조업 중심의 경제에서는 사람이나 기업이나 자신이 가진 것을 활용하여 스스로 잘하면 되었다. 애덤 스미스를 비롯해 자유주의 사상가들이 개인의 이기적 경제 행위에 면죄부를 주고, 경영학에서 기업 경영의 근간은 기업이 자체적으로 지니고 있는 자원을 잘 관리하는 것이라고 주장한 이유이다. 이른바 '내부경영자원중시론(Resource-Based Model)'이다. 그래서 개인과 기업은 각자 열심히 일하고 생산했다. 협력보다 경쟁이 중요했던 것이다. 게다가 자동차 생산과정에서 보듯이 제조업에 필요한 인력은 물적 자본의 보조수단 역할을 수행하였기에 아이디어나 창의성이 요구되지 않았고 표준화된 지식 습득으로 충분하였다. 다양성을 무시한 획일적 기준, 주입식 교육, 정답 찾기 등이 주된 교육 방식이었던 이유다.

그런데 데이터 및 아이디어집약적 무형재 경제와 실시간 '초연결사회'에서는 아이디어가 중요할 뿐 아니라 협력이라는 새로운 경제 운영 원리를 요구한다. 이에 맞는 인력을 양성하기 위해서는 사회 및 자신이 설정한 금기조차 뛰어넘는 비판적 사고의 함양, 납득할 수 없는 금기를 거부할 권리를 인정할 정도로 차이와 다양성의 존중, 그리고 협력을 통한 문제해결 등에 교육 방식의 초점을 맞추어야만 한다. 탈공업화 이후 산업화를 완료한 국가에서 전체 실업보다 심각한 청년 실업이 공통된 현상인 배경이다. 즉 청년 실업은 산업사회의 유산인 교육방식과 탈공업화 간의 불일치에서 비롯하는 것이다.

요약하면 변화된 가치 창출 방식의 중심에 인간이 있다는 점에서 3, 4차 산업혁명은 그에 걸맞은 새로운 인간형을 요구한다. 그리고 사람을 만드는 일인 교육의 근본적 변화가 요구된다. 창의적 아이디어는 자신이 좋아하는 것을 할 때 발현되기에 쾌락(homo economicus)이 아니라 자아발전을 추구하는 인간형(Homo Deus)이 요구되고, 다른 사람들과의 협력을 통한 문제해결을 위해서는 개인의 이기적 경제행위 혹은 개인의 이기적 성공 노력(자조론)에 기초한 산업사회의 인간형이 아닌 타인의 이익을 보장해줌으로써 자신의 이익을 추구하는 '이타자리(利他自利) 인간형'이 요구되기 때문이다.

반면, 극단적 경쟁 논리가 지배하는 한국 사회에서 학교와 직장 등은 승자독식의 사회 및 제로섬게임의 사회가 되어버렸다. 그리고 극단적 경쟁 논리는 이타심 없이 이기심만이 가득한 인간을 증가시킴으로써 연결경제가 요구하는 '사회(형)성 기술'을 빈곤하게 만들고 있다. 즉 이타심에 의해 절제된 이기심에 기초한 서구의 경쟁 논리와 달리 한국 사회는 협력 문화가 절실한 3, 4차 산업혁명 시대에 '고립된 섬'이 되고 있다.

또한 찍어내기와 줄세우기 교육으로 대부분의 학생들은 창의적 아이디어가 빈곤하고 문제해결 능력이 없는 존재로 양산되고 있다. 청년 실업이 서구사회보다 갈수록 심각해지고 창업 육성 정책의 성과가 빈곤한 배경이다. 게다가 극단적인 '왕따 문화' 확산[10]에서 보듯이 '배틀로얄'(2000, 무인도에 갇힌 고등학생들이 생존을 위해 동급생끼리 서로 목숨을 빼앗는 내용의 일본 영화)이 현실화되고 있는 배경이다.

이처럼 3, 4차 산업혁명과 연결경제 등이 요구하는 인간형과는 정반

---

10 예를 들어, 고등학교의 경우 경쟁 학생이 대학입시에서 가산점을 얻지 못하게 하기 위해 공부를 못하는 친구를 회장에 밀어주고, 직장의 경우 직원 간 상대평가에서 후배들에게 낮은 평점을 주라고 강요하듯이 우리 사회는 상대가 죽지 않으면 내가 죽는다는 투쟁적 경쟁 양상이 확산되고 있다.

대의 인간형을 만들어내는 한국의 교육 현실에서 교육혁명 없이 3, 4차 산업혁명은 불가능한 프로젝트다. 즉 교육혁명은 왕따 문화나 사교육비 문제와 강남 부동산 특수 현상 등을 해결할 뿐 아니라 청년 일자리나 기업의 새로운 수익사업 만들기, 산업체계 개편 등의 관건이다.

그러나 한국 사회의 꼰대들은 자신들이 만들어 운영해온 고용 시스템이 더 이상 작동하지 않고, 그 결과 청년층 및 자라나는 세대가 사회 변화에 적응하지 못하게 만들고 있음에도 자신들의 기득권 유지를 위해 변화를 거부하거나 심지어 문제를 청년층 탓으로 돌리고 있다.

약속을 지킬 수 없는 기성세대의 말만 믿고 좋은 대학에 가기 위한 목적으로 공부하면서 10대까지 '재미'없는 아니 '불행'한 삶을 살지만, 대학을 가지 못한 청년층이나 대학에 진학한 청년층 대부분은 절망 속에서 살아가고 있다. 청년들은 기술과 사회 변화에 부적응자로 만든 사회에 자신들의 불행을 그대로 돌려줄 것이다. 청년층의 미래가 없는 사회의 미래는 지속 가능하지 않기 때문이다. 즉 청년층의 일자리 문제는 개인의 문제로 그치지 않고 기업과 사회를 퇴화시키고, 사회의 급속한 고령화에 필요한 재원 조달을 어렵게 할 수밖에 없다.

게다가 플랫폼 기반의 경제활동이 증가하는 상황에서 새로운 인간형은 지속 가능한 사회를 위해 더욱 중요해지고 있다. 모든 것이 연결되고 그 속에서 확보할 수 있는 데이터로 새로운 사업으로 진화를 목표로 하는 플랫폼 기반의 경제활동이 증가하면서 디지털 생태계와 플랫폼이 협력적 생산(가치 창출)에서 협력적 분배로 진화하지 않는 한 일자리의 질이 악화되는 등 많은 사람들의 삶이 위협받고 있다. 즉 '플랫폼 독점' 혹은 '부정적 플랫폼'[11]을 '플랫폼 공유' 혹은 '긍정적 플랫폼'으로 전환시키는 과제가 제기되고 있다. 플랫폼 공유 혹은 긍정적 플랫폼이란 플랫폼 사업 모델이 만들어내는 가치가 소수에게 독점되는 문제의 해결을 의미한다. 이를 위해서는 (대안 8에서 지적하는 데이터에 대한 사회적 통제와 더불어) 플랫폼 참여자가 플랫폼 가치 창출자가 되는, 즉 플랫폼 참여자로 머물지 않고 플랫폼 사업 모델의 가치 창출에 기여할 수 있어야 한다.

텔레그래프(Telegraph)의 추정에 따르면 페이스북이 2016년에 각 사용자로부터 분기당 4달러의 수입을 만들었고, 퀴즈(Quartz)의 추정에 따르면 페이스북은 2015년에 미국과 캐나다에서 사용자당 41달러를 만들었다.[015] 이처럼 플랫폼 독점에서 사용자는 단순한 참여자 역할로 머물게 되고, 플랫폼이 만들어내는 가치 배분에서도 소외될 수밖에 없다.

이와 관련하여 블록체인은 플랫폼 공유의 기술적 토대를 제공한다. 즉 블록체인에 기반한 트랜젝션 데이터(transaction data; 특정 업무나 거래의 처리 결과 얻어지는 데이터 기록)는 비용이 발생하지 않고, 처리 시간을 크게 단축시키고, 안전하고 구조화되어 무위험 거래를 수행하게 할 뿐 아니라 빅데이터 분석 기능을 크게 개선시킨다. 블록체인과 빅데이터가 결합된 이른바 'AI 플랫폼'의 등장이 가능해진 것이다.

그러나 페이스북이 블록체인 기술에 기반하더라도 참여자 모두가 데

---

11 플랫폼은 구매자에게 판매되는 물리적 상품을 서비스로 전환하는 흐름을 만들어내면서 "소유의 시대는 끝났다"는 기업들의 선언을 이끌어냈지만, 플랫폼 기업들이 플랫폼을 소유한다는 차원에서 소유의 집중은 더욱 강화되고 있다.

이터 접근이 가능해졌을 뿐 가치 창출이 자동적으로 이루어지지는 않는다. 즉 데이터가 블록체인 플랫폼 세계에서 새로운 수입 흐름을 가져다줄 수 있지만 데이터 활용 역량이 없는 한 단순한 데이터에 불과할 뿐이다. 즉 데이터 공유가 가능해지고 중심이 없어진 새로운 생태계인 블록체인 플랫폼에서 데이터 활용을 통한 새로운 가치의 창출자가 되어야만 한다. 이는 협력과 공유를 통한 문제 탐구 및 해결 역량을 가진 새로운 인간형을 의미한다.

경제에 대한 정부 개입을 절대적으로 반대하는 일부 주류경제학자들도 있지만, 대부분 주류경제학자들, 특히 뉴케인지안[016]은 경제가 충격을 받아 일시적으로 균형에서 이탈했을 때 정부 개입, 즉 경제정책의 필요성을 수용한다.

그러나 경제정책 중 재정정책은 큰 효과가 없을 뿐 아니라 부작용도 심하다고 주장한다. 즉 통화정책 중심의 경제정책을 선호한다. 예를 들어, 개방경제에서 총수요를 늘리기 위한 확장적 재정정책은 금리를 인상시키고 해당국의 통화가치를 절상시켜 순수출을 감소시킴으로써 정부 지출로 늘어난 총수요의 상당 부분을 상쇄시킨다고 주장한다. 그러면서 시장(가격)의 유연한 조절을 방해하는 요인이나 외적인 충격 등으로 시장은 균형을 일시적으로 이탈할 수 있고 경제는 침체 상태에 빠질 수 있다는 것을 전제로 통화정책의 적극적 활용을 지지한다. 즉 이론적으로 시장의 자율적 조정 능력을 믿었던 '화폐 중립성' 가설을 폐기한 것이다.

기본적으로 시장의 자율 조정을 믿는 주류경제학은 전통적으로 경제는 최대 생산능력(잠재 GDP) 상태에 있기에 통화량 초과공급은 인플레이션을 유발하므로 최대 생산능력 변화와 물가 목표치 등을 고려하여 통화량을 공급할 것을 주장한다. 이른바 (안정적 물가 수준을 유지하도록 통화량의 특정한 증가율을 지키도록 하는) '통화량 준칙(k% 준칙)'이다.

그러나 이러한 주장은 경제가 침체에 빠질 수 있는 가능성을 배제하거나 통화량 통제의 어려움을 고려하지 못하면서 직접적 금리 조절에 의한 경제 조정 필요성을 인정하는 주장으로 대체된다. 이른바 (명목이자율을 실질이자율과 인플레이션율의 합으로 나타내는 피셔방정식을 확장시킨, 즉 중앙은행이 금리를 결정할 때 경제성장률과 물가상승률에 맞춰 조정하는) '이자율 준칙'이다. 즉 통화량 조절은 중앙은행의 통화 공급 통제(독점력)와 화폐유통속도의 안정성 등에 기초한 것이다. 하지만 중앙은행이 공급한 통화가 예금 형태로 은행에 유입되는 전통적 방식과 달리 은행이 증권 발행 등 시장을 통해 자금을 조달하는 이른바 '내생적 금융(endogenous finance)'의 등장으로 중앙은행의 통화 공급 통제는 어렵게 된다.

통화 공급에 대한 중앙은행의 통제력이 이자율과 물가 관리의 전제조건인 반면, 민간신용의 통제 없이 물가(특히 자산가격) 및 이자율의 안정적 관리는 불가능하다. 즉 민간은행에 의해 확장된 신용이 현금(국가통화)을 대체하면서 은행은 준공공 영역의 지위를 획득하고 통화 공급의 지배력을 증대시키고 있다. 예를 들어, 은행의 자금 조달에서 예금이 차지하는 비중은 2002년 58%에서 2007년 52%로 축소되었다. '자산의 증권화(asset securitisation)' 혹은 '자산의 화폐화(asset monetization)'가 자금 조달과 수익원 변화의 중심에 있었던 것이다.[017] 자산유동화증권(ABS) 시장의 폭발적 성장이 그것이다. 그런데 민간은행이 창조하는 민간통화 및 준화폐가 화폐이론에는 부재하다.

통화(유동성)의 내생성은 사실상 통화 공급의 무한 탄력성을 의미한다. 예를 들어 주택담보대출금을 증권화시킨 주택저당증권(MBS)에서 보듯이 이론적으로 은행 대출은 증권화를 통해 추가 대출 자금을 무제한으로 확보할 수 있기 때문이다. 공공 부문(중앙은행)에 의해 제공되는 공식통화(outside money)에 갇혀 있는 화폐이론은 민간(시장)과 공공 부문에 의해 창출된 유동성 차이를 전혀 고려하지 않고 있다.

시장이론이 글로벌 금융위기 같은 폭등과 폭락의 순환(boom-bust cycle)을 이해하지 못한 것 또한 은행 영업이 국제적으로 운용되며 만들어낸 '글로벌 유동성'의 폭발적 성장 등 민간통화(inside money) 성장과 그에 따라 신용(대출)이 확장과 수축을 반복하는 신용 사이클이 형성된 것, 그리고 신용 증가가 경기를 확장시켜 다시 신용 팽창을 만들어내는 비선형성(non-linearity) 혹은 피드백 루프(feedback loop, 되먹임 회로)를 이해하지 못한 결과다.

경기 상승 국면에서 대출 조건은 완화되고 자산가격 및 담보물 가치가 상승하기에 대출(신용)이 확대된다. 즉 차입자본을 늘려 수익을 증대시키는 투자 전략인 레버리지가 상승한다. 이는 경기 상승을 강화시키고 다시 대출을 확대시키는 피드백 루프를 형성한다. 게다가 민간통화는 규제의 사각지대인 '그림자금융(shadow banking, 비은행 금융중개)'[12]과 관련되어 있다. 대출, 즉 신용과 레버리지 증대가 금융위기의 주요인이 된 배경이다.

---

12 그림자금융은 은행이 아니기에 은행 규제의 대상이 아니지만 거의 은행의 기능을 똑같이 수행하는 금융회사를 총칭한다. 따라서 그림자금융은 은행처럼 많은 규제를 덜 받기에 자금조달 비용을 절감할 수 있고 높은 레버리지를 사용한다. 금융위기 당시 미국 정부와 연준이 (투자은행 중 자산 규모 5위 베어스턴스는 구제하고 자산 규모 4위인 리먼 브러더스는 파산시키고 자산 규모 3위인 메릴린치는 다시 구제하는 등) 우왕좌왕하는 모습을 보인 배경도 금융회사들이 갖고 있는 부실 규모를 정확히 파악할 수 없었기 때문인데 이 중심에 그림자금융의 성장이 있었다. 한국은행은 금융안정위원회(FSB)가 그간 사용해온 그림자금융(shadow banking) 명칭을 바꿔 비은행 금융중개로 쓰기로 10월 23일 결정했다. 이 책에서는 그림자금융이라는 용어가 학술적으로 여전히 통용되기에 병행 표현한다.

또한 화폐이론은 화폐유통속도[13]와 화폐 수요가 안정적이라고 보았으나, (채권이나 저축성 예금 등 화폐로 전환이 매우 용이하여 사실상 화폐와 거의 비슷한 취급을 받는 자산이나 신용카드, 가상통화처럼 결제 수단 성격을 갖는) 준화폐나 그림자금융은 화폐유통속도를 변화시키기 때문에 통화정책의 수행은 어려움을 야기할 수밖에 없다. 즉 민간통화 공급의 증대는 통화량에 영향을 미친다. 특히 경기 상승기에 국내총생산(GDP) 증가 속도보다 통화량 증가 속도가 빠를 가능성이 높기에 화폐유통속도(=명목GDP/통화량)의 감소와 화폐 수요를 결정하는 힘(화폐유통속도의 역수, 마셜k)을 증가시키는 요인으로 작용하였던 것이다.[14] 이처럼 민간통화는 은행과(자본) 시장 간의 상호작용을 높임으로써 통화 공급에 대한 중앙은행의 통제력을 약화시키고, 그 결과 통화정책 효과들을 약화시킨다.

여기에 해외로부터의 자본 유출입은 신용의 양과 시장이자율 등에 영향을 미치며, '통화량 준칙'은 고수하기 어렵게 된다. 그 결과 '이자율 준칙(테일러 준칙)'으로 대체된 것이다.

예를 들어, 이들은 임금이나 물가 등 명목가격의 경직성으로 외적 충격에 의해 경기가 후퇴(눈화)할 때 고용 축소(실업 증대)에 직면하기에 금리 인하(통화 완화)로 물가 상승과 실질금리 인하 그리고 실질임금 인하 등이 가능하고, 그에 따라 가계와 기업의 지출을 확대시켜 총수요

---

13 통화 한 단위가 일정 기간 동안 각종 거래를 매개하기 위해 몇 번 유통되었는지를 나타내 주는 지표로서 명목 GDP를 통화량으로 나누어 산출한다.

14 일정 기간 한 사회에 유통되는 총 통화량은 시장 거래액과 같다는 이른바 교환방정식(MV=PY)으로부터 화폐 수요(M)는 명목GDP(PY)의 일정 크기(1/V=k)에 비례한다고 말할 수 있다.

확장 및 고용 증대가 가능하다고 주장한다. 또한 지정학적 불안의 고조에 따른 유가 급등 등 공급 충격으로 물가가 상승한다고 해서 즉각적으로 금리 인상으로 대응할 경우 총수요 약화로 경기 침체는 심화되기에 금리 인상은 신중해야 하고, 이를 위해 물가 관리는 계절적 요인이나 일반적으로 예상치 못한 일시적 외부 충격 등에 의한 물가 변동분을 제거한 후의 물가 상승률인 '핵심 인플레이션(근원 인플레이션, core inflation)'을 고려해야 한다고 주장한다. 이른바 뉴케인지안 경제학자들의 주장이다.

금융위기 이전 약 20년간(1984년 1분기부터 2006년 2분기까지)의 '대안정기(the Great Moderation)'는 적절한 이자율 조정으로 실업률과 인플레이션율을 낮추었을 뿐 아니라 경기순환의 변동성을 감소[018]시킬 수 있다는 주류경제학의 주장을 정당화시키는 배경이 되었다.

그러나 충격으로 균형 상태에서 이탈한 경제를 금리 조정(인하)으로 균형을 회복시킬 수 있다는 주류경제학의 주장은 금융위기로 한계에 봉착했다. 금융위기가 본격화하기 시작한 2007년 8월 연준의 잭슨홀 연례 경제정책 심포지엄에서 당시 연준의 이사이자 통화정책과 은행 및 금융 전문가인 프레드릭 미시킨(Frederic Mishkin)이 연준 금리를 1%포인트만 인하하면 금융위기 충격(GDP 감소와 실업률 상승 등)을 해결할 수 있다[019]고 호기(?)를 부렸다. 그렇지만 연준의 기준금리가 5.25%에 있던 2007년 7월부터 2008년 12월까지 금리를 인하하여 제로금리 시대를 열었으나 경제의 자유낙하는 2009년 6월까지 멈추지 않았고, 그때부터 7년간 제로금리가 지속되었다. 2007년 8월 4.6%였던 미국의 실업률은 2009년 10월

10%까지 상승하였고, 2011년 9월까지 9%대가 지속되다가 제로금리가 종료된 2015년 12월에 5.0%까지 하락하였다.

그러나 고용률을 보면 2007년 8월 62.7%에서 2015년 12월 59.6%로, 그리고 경제활동 참가율도 같은 시기에 모두 3%포인트 이상 낮은 수준일 정도로 고용 상황은 제대로 개선되지 않았다. 제로금리 기간 동안 미국의 연평균 성장률은 1.5%에 불과하였다. 이는 금융위기 이전 22년간(1985~2006), 이른바 '대안정기'의 연평균 성장률 3.3%의 절반에도 미치지 못하는 수준이다. 경기회복이 시작된 2009년부터 2017년까지 연평균 성장률도 2.2%에 불과하였다. 이처럼 금리 조절에 의한 경기 조절은 기대만큼 크지 않다.

사실, 금리와 성장률의 관계는 대안정기에도 약화되는 추세를 보였다. 〈그림 2〉에서 보듯이 1980년대 이후 금리 하락에도 성장률은 개선되지 않거나 심지어 하락해왔다. 게다가 성장이 고용에 미치는 영향이 약화된 것을 고려할 때 '이자율 준칙'의 한계는 예고된 것이다. 이에 연준은 화폐를 발행해 (국채나 주택저당증권 등의) 자산을 대규모로 매입하는 양적완화를 도입하였고, 2008~15년 사이에 연준 자산은 9천억 달러에서 4.5조 달러로 급증하였다. 이는 통화량을 다시 관리하는 것을 의미할 뿐 아니라 연준이 단기 금리와 더불어 장기 금리까지 통제하겠다는 것으로 '시장의 실종'을 의미하는 것이다.

연준은 경기 및 고용의 부진한 회복과 더불어 저물가 지속을 근거로 들었지만 통화는 충분히 공급했다는 점에서 저물가는 화폐적 현상이 아니었다. 게다가 (향후 기조의 변화가 예상되지만 아직까지) 유럽중앙은행과

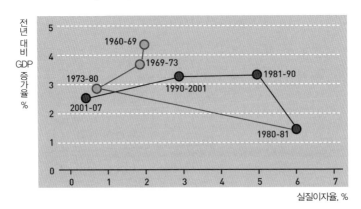

〈그림 2〉 미국의 실질금리와 성장률(연평균)

출처 : J. Hamilton, E. Harris, J. Hatzius, and K. West, "The Equilibrium Real
Funds Rate:Past, Present, and Future," Brookings Working Paper, Oct.
2015; Economist, The fall in interest rates:Low pressure, Sep. 24th
2016에서 재인용.
https://www.economist.com/news/briefing/21707553-interest-rates-are-
persistently-low-our-first-article-we-ask-who-or-what-blame posted
on May 14th, 2018.

일본은행은 양적완화의 지속과 더불어 마이너스 금리를 지속하고 있
다. 이처럼 금융위기 이후 세계 경제는 이자율 조절에 의한 경기 조절
이 크게 약화되었다는 사실과 통화정책의 한계를 분명히 보여주고 있
다. 그럼에도 중앙은행과 주류경제학은 금리에만 집착하고 있다. 그
결과 신용의 과도한 성장과 금융 불균형 및 금융 취약성을 반복적으로
만들어내고 있다.

　게다가 국제 금융시장의 통합으로 통화정책의 자율성은 심각하게
훼손되고 있다. 이는 미국도 예외가 아니다. 미국이 금융위기 이후

글로벌 불균형을 해소하기 위해 새로운 글로벌 거버넌스 체제[15]로서 'G20(Group of 20) 정상회담'을 만든 배경이다.[16] 즉 주택시장이 과열되자 연준은 2004년 하반기부터 금리를 인상하기 시작했으나 장기 시장금리는 상승하지 않고 심지어 장단기 금리 역전 현상까지 발생하였다. 미국 밖으로 유출된 달러가 미국에 재유입되어 10년물 미국채나 30년물 정부(보증)기관이 발행한 주택저당증권(MBS) 등에 투자되면서 채권 수익률들이 하락하는 등 시장 장기금리 상승을 가로막았고, 그 결과 주택시장의 과열이 지속되면서 금융위기의 원인 중 하나가 되었다는 것이다.

미국 통화정책의 독립성 약화 문제는 2008년 미국 대통령 선거에서 주요 이슈로 부각되기도 하였다. 당시 민주당의 유력한 대통령 후보였던 힐러리 클린턴 상원의원의 경우 주식이나 채권 등의 형태로 외국인이 소유한 미국의 부채가 국내총생산(GDP)의 25%에 도달하면 정부가 경보음을 내보내고 달러의 미국 내 재유입에 대한 규제나 부채 해결을 위한 조치를 취해야 한다는 입장을 밝히기도 하였다.[020] 물론 그녀의 주장은 외국인의 투자 규모가 미국 GDP의 70%대였고 월가의 이해를 고려할 때 비현실적이라는 점에서 정치적 수사에 불과하였다.

---

15 거버넌스(governance)란 일반적으로 일을 관리 · 운영하기 위한 여러 규칙 체계를 말하고, 글로벌 거버넌스란 세계적 규모의 문제에 국가들이 충분히 대응하지 않을 때 세계적 규모의 협동관리 또는 공동 통치를 일컫는다.

16 금융위기 이후 미국은 자신과 더불어 깊은 내상을 입은 주요 선진국들(G7)만의 힘으로 금융위기의 충격에서 벗어나기 힘들어지자 세계 경제의 주요 문제에 대한 결정권을 20개 국가로 확대시켰다. 즉 일본은 장기불황 상태가 지속되고 있었고, 나머지 5개 국가들도 금융위기의 전염효과에서 자유롭지 못했다.

이처럼 국제 금융시장이 통합된 현실을 고려할 때 개별 국가들, 특히 신흥시장국은 독립적인 통화정책을 구사하는 것이 어려울 수밖에 없다. 이른바 '통화정책의 전염(monetary policy contagion)' 문제다.[021] 이론적으로 고정환율제 하에서 신흥시장국의 금리는 미국 등 중심국의 금리에 맞출 수밖에 없다. 즉 통화정책의 독립성은 불가능하다. 자유로운 자본이동과 환율 안정성 그리고 통화정책의 독립성 중 하나를 포기해야 하는 이른바 '트릴레마(trillemma)' 문제다.

이를 해결하기 위해 미국은 환율 변동성 허용을 선택하였다. 자본이동에 따른 충격을 환율 변화로 흡수함으로써 통화정책의 독립성을 확보할 수 있고, 기축통화이기에 환율 변동에 의한 외환위기 등의 충격 가능성이 없기 때문이다. 그러나 신흥시장국 입장에서 환율 변화를 받아들이는 것도 쉽지 않다. 신흥시장국이 금리를 인하할 수 없는 상황에서도 미국이 금리를 인하할 경우 신흥시장국으로 자본이 유입되어 신흥시장국의 통화가치가 절상되고 수출경쟁력에 부정적 영향을 미친다. 또 자본 유입에 따른 신용 팽창으로 자산 인플레나 인플레이션 등이 우려되어 신흥시장국은 어쩔 수 없이 미국을 쫓아 금리를 인하할 수밖에 없다.

국제 금융시장이 통합된 상황에서 자본이동을 통제하지 않는 한 통화정책의 독립성을 달성하는 것이 어렵다는 목소리[022]가 확산된 배경이다. 예를 들어 금리 인하나 양적완화[023] 등 미국의 통화완화 정책은 미국 및 유럽 은행들의 차입자본의 증대 요인이나 미국 및 해외의 신용(대출) 증가 등 국경을 넘나드는 신용 흐름의 증가 요인으로 작용함으로써 위험자산에 대한 투자 증가 및 위험자산의 가격 상승(수익률 하락), 장기 금리와 단기 금리 간 격차인 기간 스프레드(term spread) 축소, 투자자가 위험을 감수한 대가로 지불되는 보상인 리스크 프리미엄(risk premium) 하락 등을 결정하는 글로벌 요인이 되었다.

또한 신흥시장국으로의 자본 유입은 통화량을 증대시켜 인플레이션 압력을 증대시키고 이 경우 중앙은행은 금리 인상으로 대응해야 하나 정책금리를 인상시킬 경우 국내·외 금리 차이를 확대시켜 추가 자본 유입을 초래할 수 있기 때문에 통화정책 운용에 어려움을 초래한다.

게다가 해외자본의 유입, 즉 자산과 부채의 증가가 수반하는 신용 증가와 자산가격의 폭등은 금리를 빠르게 인상하거나 해외 자본의 갑작스런 유출 시 자산가격의 폭락을 수반할 수 있기에 금리 인상에 신중하게 되고 자산시장의 거품 형성을 막기 위한 거시건전성 정책들을 시행하게 한다.[17]

마찬가지로 미국 등 기축통화국 중앙은행이 양적완화를 시행할 경우 기축통화국의 채권 가격을 상승시키고, 그 결과 시장 투자자들은 상대적으로 가격이 낮은 비슷한 등급을 가진 다른 국가들의 채권 매입을 증대시킴으로써 채권 가격 상승과 채권 수익률 하락을 통해 이들 국가의 시장 금리를 하락시킨다.[024] '국채 수익률(시장금리)의 글로벌 동조화'는 시장 금리가 국제 채권시장에서 결정되는 현실을 잘 보여주

---

[17] 금융위기 이후 '시스템 리스크'의 중요성을 인식하면서 한국은행에 금융안정 기능을 '명시적 목적(mandate)' 으로 추가하고, '거시건전성 규제'들로 '외환건전성부담금(일명 은행세)', '선물환포지션 한도', '외국인 채권투자 과세' 등을 도입한 배경이다.

는 것이다.[18]

이처럼 통화정책 독립성의 약화 혹은 훼손은 기본적으로 '글로벌 신용 사이클' 혹은 '글로벌 금융 사이클'에서 비롯한다. 그 결과 금융정책에 대한 개별 국가의 통제력과 금융시장의 글로벌 통합, 그리고 금융 안정성 간 '트릴레마 문제'가 제기되는 것이다.

반대로 미국 연준이 금리 인상이나 통화 회수 등 통화긴축으로 방향을 전환할 때 국내 생산, 투자, 인플레는 위축될 뿐 아니라 통화완화 때와는 반대로 자산가격의 글로벌 하락 요인이 되고, 기간 스프레드는 상승하고, 국내 및 국경을 넘나드는 신용은 크게 축소되고, 레버리지는 하락하는 등 국제금융 변수들의 움직임에 중요한 영향을 행사한다.[025]

즉 무역 등 경제적 거래를 통해 발생하는 외화의 유 · 출입 규모를 결정하는 경상계정의 경우 단기간 내 조정이 느리거나 어려운 상황에서 실물 경제 거래와 관계없이 진행되는 금융계정인 총 부채 및 자산 확장은 금융 취약성이나 금융 불균형 그리고 자산가격의 변동성 등을 증대시키기에 금융시스템의 안정성 확보를 위한 거시건전성 정책과제를 증가시키고 그 결과 통화정책의 독립성을 축소시킨다.

실제로 오늘날처럼 국제 금융시장이 통합된 상황에서 자유로운 자본 이동으로 통화정책 독립성이나 환율주권 어느 것 하나 보장될 수 없게 되었고, 그 결과 통화정책과 환율 문제 등은 국제 갈등의 주요 요인이

---

18 글로벌 주택시장의 동조화 역시 글로벌 금융의 그물망 구조와 관련이 있다. 예를 들어, 미국의 주택가격 추이를 대표하는 'S&P 케이스-실러(Case-Shiller)'지수를 고안한 칼 케이스(Karl Case)는 주택가격의 글로벌 동조화의 원인을 금융시장의 글로벌화에서 찾았다.

되고 있다.

예를 들어, 2010년 8월 잭슨홀 미팅에서 버냉키 연준 의장이 2차 양적완화(QE2) 구상을 공개한 후 브라질 재무장관 기도 만테가(2010.9.27) 등 주요 신흥국은 미국의 양적완화가 유동성 확대에 따라 각국이 수출 경쟁력을 유지하기 위해 경쟁적으로 자국의 통화가치를 낮추는 '통화전쟁'이라며 반발하였다. 당시 버냉키(2013.3.25.)[026]는 "연준의 양적완화 정책은 달러화를 평가절하시켜 주변국들에게 피해를 주는 '근린궁핍화(beggar-thy-neighbor)' 정책이 아닌 선진국 경기부양을 통해 주변국에 이익을 주는 '근린부유화 정책(enrich-thy-neighbor)'"이라고 반박했다. 이에 대해 라구람 라잔 인도 중앙은행의 전 총재(2014.1.30)는 "선진국이 다른 나라에 각자가 필요한 통화정책을 시행하라고 말하면 곤란하다"며 미국 등 선진국의 통화정책을 비난하였고, 다시 리차드 피셔 댈러스 연방준비은행 총재(Fed is Not 'Central Bank of the World', 2014.1.31)는 "일부 사람들은 연준이 세계은행의 역할을 감당해야 한다고 주장하나 다른 나라에 중앙은행이 있는 것처럼 연준도 미국의 중앙은행일 뿐"이라며 연준이 미국 경제에 이득이 되는 쪽으로 움직이는 것이 당연하다고 주장하였다.

이에 대해 다시 라구람 라잔은 신흥시장국의 경우 자국의 성장을 지원하고 급작스런 자본 흐름의 정지 혹은 역전으로 인한 악영향을 방지하기 위해 환율을 경쟁력 있는 수준에서 유지하고 거대한 외환보유고를 축적하는 '대외적 양적완화(Quantitative External Easing, QEE)'를 선택할 수밖에 없고, 이러한 선택은 신흥시장국의 (선거에 의해 국민들로부터 정부나

_{조직에게 위임된)} 권한(mandate)이라며 같은 논조로 되받아친다. 나아가 버냉키의 말을 풍자하여 신흥시장국의 성장은 선진국 및 세계 경제에도 도움이 된다고 받아쳤다.

최근에는 미국이 다른 국가의 통화정책 및 통화가치 등에 대한 불만을 표출하였다. 예를 들어, 트럼프는 미국에 대해 대규모 상품수지 흑자를 실현하는 국가들, 특히 중국과 유럽 등에 대한 무역 보복이 달러 강세로 인해 효과가 약화될 것이 우려되자 중국과 유럽 등이 통화가치를 조작하고 금리를 낮게 유지함으로써 미국의 경쟁력을 훼손시키고 있다고 주장면서 연준의 금리 인상(긴축)에 불만을 제기하였다.[027] 연준 의장 파월 역시 미국의 가파른 금리 인상이 신흥시장국에 미칠 부정적 영향에 대해서는 "신흥시장국의 위기는 몇몇 불안정한 나라에 한정된다"며 해당 국가들이 경제 운용을 잘못한 결과로 돌리고 연준은 미국 경제만을 고려하겠다는 입장을 보였다.

이처럼 자본이동이 자유로운 상황에서 독립적인 통화정책 운영이나 금융 안정성 실현이 어렵지만 주류경제학은 이에 대한 해법을 제시하지 못하고 있다. 사실, 세계 경제의 네트워크화로 기준금리[028] 및 시장금리[029], 통화량 및 신용증가율[030] 등 통화 측면의 글로벌 동조화뿐만 아니라 실질 GDP 증가율[031], 인플레이션[032], GDP 대비 총 무역액의 비중,[033] GDP 대비 공공재정(재정수입 및 지출)의 비중[034] 등에서 '글로벌 동조화'가 진행되는 상황에 살 정도로 국민경제의 자율성은 크게 약화되었고, 그 결과 국가별 경제정책은 주류경제학의 예상대로 효과를 나타내지 못하고 있는 것이다.

대안 3   중앙은행 민주화와 자본통제

주류경제학은 시장 제도에 대한 강한 신뢰에 기초한다. 그럼에도 시장의 자율적 조정에 장애가 되는 마찰적 요인들(예:임금이나 물가 경직성)이나 외부 충격 등으로 인해 (일시적으로) 균형을 이탈할 수 있고, 통화정책(금리 조절)으로 경기의 변동성을 최소화시킬 수 있다고 주장한다. 즉 미국 기준으로 물가안정을 확보한 1990년대 이후 경기가 후퇴할 때마다 금리 인하로 대응하였다. 그 결과 인플레이션을 조정한 연준 실질금리는 이미 금융위기 이전에 마이너스(-) 영역으로까지 떨어졌다.[035] 1년 실질금리도 2002~2005년간 마이너스 영역에 머물렀다.

지난 20년간 혹은 적어도 2000년 이후 순투자 증가율(≡현 시점의 순투자/전기의 자본량)이나 영업이익 대비 순투자 비중이 하락할 정도로 기업의 투자는 취약한 모습을 보였다(그림 3).[036] 즉 자본 수익률이 안정적 흐름을, 심지어 다소 상승했음에도 기업 투자는 취약한 모습을 보였다. 금리 인하가 기업 투자에 효과는 없었지만 투자자들은 시장이 동요할 때마다 연준이 구제해줄 것이라는 것(이른바 '그린스펀 풋'과 '버냉키 콜')을 알았기 때문에 위험이 높은 자산을 추구하고 신용은 팽창되었다.

디지털 혁신에 기초한 무형재 경제에서 핵심 생산요소는 물적 자본에서 데이터 및 아이디어로 이동하고 있다. 제조업에서는 핵심 생산요소가 물적 자본이고, 투자 증가에 따라 고용량과 산출량도 일성하게 증가한다. 그러나 무형재 경제는 상품개발 과정에서 자본이 요구되고,

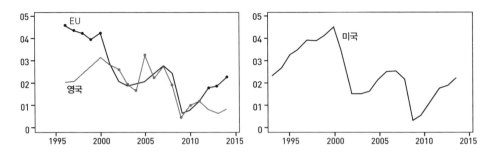

〈그림 3〉 미국과 유럽의 순투자율(NIt/Kt−1) 추이

주 : NIt≡t기 순투자(net investment), Kt−1≡(t−1)기 자본스톡; 유럽의 경우 EU KLEMS 자료
출처 : G. Gutiérrez and T. Philippon, "Investment-less Growth: An Empirical Investigation,"
　　　 Brookings, September 7, 2017, Chart 3.

상품개발 후 산출량 증가를 위해 투자와 고용 증가를 요구하지 않는다. 앞에서 지적했듯이 21세기에 등장한 많은 기업들이 데이터를 확보하기 위한 플랫폼 기업을 추구하고 플랫폼 기업이 자산과 고용 축소형(asset-lite and employment-lite) 사업 모델의 특성을 보이는 이유다. 게다가 디지털 혁신으로 기업의 매출 규모는 크게 증가하고 시장 집중이 증대하면서 투자 하락으로 이어진 배경이다.

　금리 조절을 통한 경기부양 효과의 약화는 제로금리의 벽에 부딪치면서 통화량 조절(양적완화)로 방향을 전환했지만 통화량 조절 또한 기업 투자를 회복시키지 못하였다. 무엇보다 금융위기 이후 연준이 장기 금리를 인하시킬 명분으로 추진한 양적완화도 금리 인하에는 별다른 효과를 미치지 못했다. 예를 들어, 미국채 10년물 수익률은 양적완화 개시 선언으로 잠시 하락했지만 곧바로 반등하였다.[037] 보유했던 미국채를 매각한 금융회사의 수익만 개선시켰던 것이다. 게다가 금융위기 발발 후 10년이 넘었음에도 선진국의 경기 회복세가 매우 취약하다 보니 금리를 정상화시키지 못하고 있다. 이러한 상황에서 다시 경기 침체나 금융 불균형 등에 대한 우려가 높아지고 있는 반면, 금리 운용의 여지는 부족하거나 고갈된 상황이다. 국가부채도 급증하였기에 재정 투입도 어렵다.

가계의 소비지출에 대한 금리 영향 역시 마찬가지다. 금리가 너무 낮을 경우 금리 인하로 저축을 줄이고 소비지출을 늘리는 효과보다 미래 기대소득의 하락 효과가 더 커져 금리가 인하해도 소비지출이 증가할 가능성은 낮다. 즉 제조업 종사자가 줄어드는 탈공업화 이후 일자리와 소득에서 제조업의 공백을 채울 준비가 안된 상황, 즉 산업사회 이후 새로운 사회로의 이행 실패 및 지연에서 발생하는 주요 시스템들의 '탈구(dislocations, Polanyi)'[19]와 그에 따른 사회 지속 가능성의 약화 및 경제 역동성의 쇠퇴 현상이 심화되는 '탈공업화 함정'에 빠져 일자리 증가율이 하락하고 일자리 질도 악화되는 상황에서 미래 불확실성으로 인해 저금리 기조 속에서 금리 인하의 가계 소비지출에 대한 효과 역시 크게 기대하기 어렵다.

사실, 통화정책의 목표는 국가마다 차이가 있지만 물가안정과 완전고용 추구에 있다. 완전고용보다 경기부양으로 표현하는 경우가 있지만 경기부양 역시 성장률을 높일 경우 고용이 자동적으로 증가한다는 것을 전제로 하고 있다. 그러나 앞에서 보았듯이 무형재 경제의 비중

---

19 시스템이나 생활양식 등이 정상적으로 지속되지 않게 되는 상황

이 커질수록 성장과 고용 관계는 약화될 수밖에 없다.

금리 ⇒ 소비지출과 투자지출 ⇒ 성장(⇔고용 증가)이라는 주류경제학의 논리와 달리 소비지출과 투자지출에 대한 금리 효과가 약화되고, 성장과 고용 간 관계가 약화되고 있기에 통화정책 효과는 기대만큼 나타나지 않고 있다. 여기에 금리의 추세적 인하 속에도 물가안정이 지속되었듯이 물가는 주류경제학이 주장하듯이 화폐적 현상이 아니었다.

임금 상승률 둔화와 글로벌화 그리고 추가 생산에 따라 비용이 증가하지 않는 무형재 산업의 비중 증대 등으로 성장에 따른 물가 상승 압력도 둔화되었다. 즉 물가가 안정되면서 금리 수준은 추세적으로 하락했고 경기가 후퇴할 때마다 금리를 인하하면서 금리는 바닥까지 하락했다. 다음 이슈에서 소개하겠지만 이는 신용과 레버리지 증가 그리고 자산가격의 폭등–폭락 사이클 반복의 원인이 되었다.

이처럼 금리 효과가 약해진 상황에서 통화정책을 비롯해 경제정책의 목표를 재검토할 필요가 있다. 물가안정과 완전고용이 여전히 중요한 경제정책의 목표라면 성장을 통한 일자리 창출보다는 창직이나 취약계층의 자활 등을 지원하는 통화 및 재정정책이 필요할 것이다. 현재 금융시장은 청년이나 경제적 취약계층에게 매우 불리하게 작동하고 있다. 즉 시장은 청년의 창직 및 창업, 그리고 취약계층의 실질적 자활에 도움이 될 수 있는 저금리로 금융자원을 할당하지 못하고 있다. 시장이 역할을 수행하지 못하는 상황에서 재정 투입이나 중앙은행의 개입이 필요하다.

예를 들어, 청년의 창직과 취약계층의 자활 프로젝트를 대상으로 중앙은행이 정책금리보다 낮은 금리로 정책 자금을 지원해야 한다. 이를 위해 청년 및 취약계층의 이해를 반영시킬 '중앙은행의 민주화'가 요구되는 이유다. 현재 대부분의 국가에서 중앙은행은 은행자본과 기업 친화적으로 운영되고 있기 때문이다.

다음으로 세계 경제의 네트워크화, 특히 자본시장의 통합에 따른 통화정책의 전염효과는 글로벌 정책 조정의 필요성을 증대시키고 있다. 주류경제학에서는 자본의 자유로운 이동과 유연한 환율제도가 뒷받침될 경우 통화정책의 독립성 확보가 가능하다고 주장한다. 앞에서 소개한 이른바 '트릴레마 명제'이다. 그러나 자본이 자유롭게 이동하는 상황, 즉 자본시장이 통합된 상황에서 환율의 안정성은 물론이고 통화정책의 독립성 확보도 어렵다는 '딜레마 명제'가 힘을 얻고 있다. 국제 자본시장의 통합으로 시장금리가 국제 채권시장에서 결정되면서 정책금리와 시장금리 간의 연결성이 약화되었다.

앞에서 지적했듯이 개별 국가의 정책금리 변경이나 통화량 조정 등은 국제적으로 통합된 채권시장에 '잔물결효과(riffle effect)'를 일으키기 때문이다. 즉 글로벌 채권시장의 통합으로 의도적이든 아니든 주요국의 정책금리는 글로벌 채권시장의 채권 수익률에 영향을 미치고 있는 것이다. [038] 금리가 글로벌 요인에 의해 영향을 받는 상황에서, 특히 대규모 자본이 유입되는 기간 동안에는 통화정책의 전달 채널(효과성)은 손상될 수밖에 없다. 그 결과 기준금리 역시 글로벌 동조화를 보이고 있다. 이는 '통화정책의 글로벌 동조화' 가능성을 의미할 뿐 아니라 금리 결정에 대한 중앙은행의 독립성 약화를 의미한다. 중앙은행의 독립성 약화와 더불어 중앙은행의 시장금리 통제력 약화[20]는 시장의 힘이 증대했음을 의미한다.

게다가 미국 등 기축통화국의 통화정책은 단기 금리 인하를 통해 시장의 장기 금리들을 인하시키고, 이러한 효과는 해외로 자산을 이동시키는 포트폴리오 변화를 가져옴으로써 환율, 자산가격, 금융계정, 해외 거시경제에 영향을 미친다. 따라서 통화가치 절상 압력(환율 충격)을 완화시키려는 신흥시장국은 자국의 금리를 중심국 정책금리에 일치시킬 수밖에 없고, 결국 모든 기간의 명목금리도 중심국(미국)의 명목금리에 일치될 것이다.

문제는 신흥시장국의 통화정책이 중심국의 통화정책과 다른 방향으로 전개될 때 정책 효과도 보기 어렵다는 점이다. 예를 들어, 신흥시장국의 정책금리 인상은 해외자본의 유입과 그에 따른 채권 수익률의 하락 요인으로 작용함으로써 시장금리를 인상시키려는 정책금리의 인상 효과를 약화시킨다. 2018년 연준이 금리를 지속적으로 인상하면서 많은 신흥국이 자본 유출 현상을 막고자 미국을 따라 금리를 올리는 배경이다. 한국의 경우에도 성장률이 잠재성장률 밑으로 떨어질 것이라는 전망과 가계부채 부담의 증가 등으로 오히려 금리를 인하하여 경기를

---

20 예를 들어, 미국의 경우 1982년 9월 27일부터 2012년 6월 28일 기간을 분석한 결과를 보면 단기 시장금리인 공개시장 금리(CP, T-bill, T-bond의 수익률)들이 하루하루 단위에서 목표금리를 따라 이동하는 경향을 발견할 수 없었다. 오히려 연준의 목표금리가 과거의 단기금리(CP 수익률)를 따라 이동하고 있었고, 공개시장 금리는 신용시장의 수급 조건에 의해 결정되고 있음을 확인할 수 있었다. E. Fama, "Does the Fed Control Interest Rates?" Review of Asset Pricing Studies, Vol. 3, 2013, pp. 180~99.

부양할 필요가 있지만 연준과 한국은행 간 기준금리의 격차가 확대되면서 금리 인상을 강요받는 것도 통화정책의 자율성이 크게 약화된 현실을 보여주는 것이다.

이처럼 통화정책의 전염은 통화정책에 국제조정이 필요함을 의미한다.[21] 특히, 신흥시장국은 미국의 정책이 나머지 세계에 미치는 영향에 대해 걱정해야 하고, 선진국이 다른 나라에 각자가 필요한 통화정책을 시행하라고 말하면 곤란할 수밖에 없다. 이처럼 글로벌 정책 조정이 필요하지만 현실은 자국 이익 중심의 통화정책을 수행하고 있다. 그렇지만 자유로운 자본이동은 월가의 이해에 기초하고 있다는 점에서 미국 연준이 신흥시장국의 입장을 고려할 가능성은 현실적으로 매우 낮다.

결국, 통화정책의 독립성 약화가 국제 자본시장의 통합(자유로운 자본이동)의 결과라는 점에서 글로벌 정책 조정이 수반되지 않는 한 많은 신흥시장국들이 자본통제로 전환하는 등 국제 자본시장은 통합이 약화되고 파편화될 가능성이 높다. 실제로 신흥시장국이 자본 유입이나 유출에 대해 금융안정 차원에서 시스템 리스크를 억제하기 위한 거시건전성 규제 강화나 자본 유출에 대한 과세와 자본 유입에 대한 보조금 지급 등 자본통제[039] 도입의 목소리가 커지고 있다. 예를 들어, 한국이 금융위기 이후 한국은행에 금융안정 기능을 명시적 목적(mandate)으로 추

---

21 R. Mohan and M. Kapur, "Monetary Policy Coordination and the Role of Central Banks," IMF Working Paper WP/14/70, April 2014. 2014년 4월 인도 중앙은행 총재였던 라구람 라잔(Raghuram Rajan)은 "확신효과의 무시는 글로벌 경제를 위험한 비전통적 통화정책 보복의 길로 몰아넣을 수 있고, 안정적이고 지속가능한 경제성장을 보장하기 위해 세계 지도자들은 선진국과 신흥경제 모두 보다 상호 이익이 되는 통화정책의 도입 같은 통화 게임에 대한 국제 규칙을 재검토해야만 한다"고 말했다.

가하고, 거시건전성 규제들로 '외환건전성부담금(일명 은행세)', '선물환 포지션 한도', '외국인 채권투자 과세' 등을 도입[22]한 것이나 일부 신흥 시장국에서 은행의 단기 외화부채에 대해 과세나 지불준비금 등을 요구하는 배경이다.

거시건전성 규제는 '부정적 외부효과'를 시정하는 차원에서 설계되었다는 점에서 시장친화적 규제인 반면, 자본통제는 법적 및 행정적 수단 등의 사용으로 해외 신용 제공자와 국내 차입자 혹은 국내 자금 공급자와 해외 차입자 간 거래를 원천적으로 차단시키는 목적을 갖는다. 즉 거시건전성 규제나 자본통제는 정도의 차이가 존재하지만 자본 이동을 제한시키는 효과를 갖는다는 점에서 국제 자본시장의 통합을 후퇴시킬 수밖에 없다. 국제 자본시장의 파편화와 글로벌 정책 조정 중에서 선택을 강요받는 것이다.

사실, 이론적으로는 자본통제가 글로벌 정책 조정보다 현실적이다. 미국 등 중심국에도 도움이 된다. 지금까지 국제 공조의 기회와 범위는 제한적이었고, 보다 나은 결과를 획득하기 위한 보다 자연스러운 수단은 자본 흐름에 대한 통제였다. 그 이유는 자본통제가 모두에게 이익이 되

---

22 자본 유출입의 변동성을 완화하기 위해 56개 금융기관 등을 대상으로 과도한 외화부채 증가를 억제하기 위해 2011년 8월에 단기(1년 이하) 20bp(0.2%), 중기(1~3년) 10bp, 장기(3~5년) 5bp, 초장기(5년 이상) 2bp의 외환건전성부담금을 도입하였다. '선물환 포지션 한도' 규제는 외환의 과도한 단기 차입과 환율 변동성을 줄이기 위한 조치로, 은행의 자기자본 대비 선물환 보유액의 비율로 2011년 7월부터 외국은행 지점 한도는 200%, 국내 은행 한도는 40%였다. 환율 하락 지속에 대한 우려로 정부와 한국은행은 2013년 1월부터 국내 은행 및 외은 지점의 한도를 25.0%씩 축소하여 국내 은행은 현행 40%에서 30%로, 외은 지점은 현행 200%에서 150%로 축소하기로 결정하였다. 그리고 '외국인 채권투자 과세'는 2011년 1월 이후 외국인(비거주자 및 외국법인)이 국채와 통화안정증권에 투자해 얻은 소득 중 이자소득(14%)과 양도차익(20%)에 대한 법인 소득세를 말한다. 2009년 5월부터 비과세했던 것을 폐지한 것이다.

는 현실적 선택이기 때문이다.[040] 아니, 자본통제가 글로벌 정책 조정의 선택일 수가 있다. 왜냐하면 글로벌 정책 조정은 다른 국가를 돕기 위해 상대 국가의 정책 수정을 요청하는 것도 아니고, 상대 국가가 수용하기를 원치 않는 정책 수행을 요청하는 것은 더욱이 아니고, 모든 국가가 더 나아지도록 하는 일련의 정책 변화를 의미하기 때문이다.

선진국의 통화정책은 전통적 방식이든 비전통적 방식이든, 수출 증가와 환율 그리고 금융시스템에 대한 자본이동의 영향 등 세 가지 채널을 통해 신흥시장국에 영향을 미친다. 먼저, 선진국의 확장적 통화정책은 신흥시장국 수출에 대한 선진국의 수요를 증대시킨다. 즉 금리 하락은 소득을 증가시키고 그에 따른 수입 증가를 수반하기 때문이다.[041] 둘째, 선진국의 확장적 통화정책은 신흥시장국의 통화가치 절상, 그리고 순수출과 성장률의 하락으로 이어진다.[042] 마지막 채널은 금융위기 이후 관심이 고조된 이슈로 선진국의 확장적 통화정책의 결과 신흥시장국으로의 자본 유입이 미치는 영향이다.

이론적으로 신흥시장국은 환율의 변동성을 허용할수록 선진국 통화정책의 영향을 차단할 수 있다. 예를 들어, 신흥시장국이 금리를 인하시키고 싶지 않은 상황에서 선진국이 금리를 인하할 때 신흥시장국으로 자본이 유입되어 통화가치가 상승하면 순수출 및 총수요가 감소함으로써 긴축 효과를 유지할 수 있기 때문이다. 그러나 선진국 은행으로부터 신흥시장국 은행으로 대규모 자본 유입은 신흥시장국 은행의 신용 팽창을 통해 바람직하지 않은 신용 붐을 초래함으로써 긴축을 무력화시킬 뿐 아니라 신흥시장국의 금융 불균형을 심화시키는 등 금융

시스템에 영향을 미친다. 이러한 부정적 효과를 차단하기 위해서는 신흥시장국도 금리를 인하할 수밖에 없게 된다. 게다가 신흥시장국의 통화가치 절상에 따른 수출경쟁력과 경상수지에 대한 부정적 효과를 우려할 경우 신흥시장국은 환율의 변동성을 허용하기 어렵고, 통화가치 절상을 막기 위해서는 금리를 인하할 수밖에 없게 된다.

선진국의 통화정책이 신흥시장국에 미치는 영향과 관련하여 주류경제학(예:먼델-플레밍 모델)은 자본이동이 금융안정성에 미치는 세 번째 효과를 고려하지 않고 있다. 금리 차이는 환율에 의해 흡수되고(이른바 '유위험이자율평가설'), 시장 외적 충격이 없을 경우 각국은 잠재 산출량(완전고용 수준의 GDP)에서 실제 산출량이 벗어날 경우와 무역수지가 균형에서 벗어날 경우만 고려한다. 즉 외적 충격이 없을 경우 각국은 (물가와 고용이라는) 목표와 수단(통화와 재정 정책이라는)을 가지고 있기에 글로벌 정책 조정은 불필요하다.

그러나 마이너스(-) 순수출(무역적자) 같은 부정적 수요 충격이 발생할 경우 수요 충격을 상쇄시키기 위해 정책 입안가는 무역적자만큼 재정지출을 통해 수요를 보완해야 한다. 이 경우에는 조정도 불필요하고, 상대 국가의 경우도 이자율이나 재정지출을 변경할 필요가 없다. 하지만 공급 충격이나 부채를 급증시켰던 금융위기 같은 복잡한 충격이 발생하여 재정지출도 여력이 없을 경우 통화정책에 극단적으로 의존하게 된다. 즉 두 가지 목표에 하나의 수단만 갖게 된다. 이때 과도한 통화정책(예:선진국의 확장적 통화정책)은 두 가지 힘의 크기에 의존한다. 즉 선진국의 확장적 통화정책이 국내 수요와 수입에 미치는 힘이 신흥시장국의 통화가치 절상으로 순수출에 부정적으로 미치는 힘 중 어느 것이 크냐에 따라 결정될 것이다.

현실적으로 두 효과의 힘에 대한 이견이 존재하기에 조정을 이루는데 어려움이 존재한다. 예를 들어, 브라질의 기도 만테가는 환율에 의한 순수출의 감소 효과를 강조하였고 인도 중앙은행 전 총재인 라구람라잔은 국내 수요에 대한 정책금리의 작은 효과를 강조한 반면, 미국 연준의 전 의장인 벤 버냉키는 선진국의 경기부양과 그에 따른 수입 증가 효과를 강조하였다.

이처럼 조정 여지가 제한적일 때 자본통제는 정책 입안가의 합리적 선택이 될 수 있다. 즉 선진국 경제의 국내 수요가 부족하고 재정정책 사용이 어려운 상황에서 통화정책이 국내 수요를 증가시킬 뿐 아니라 이자율 격차를 통해 환율에 영향을 미칠 경우 해외에서 유입되는 자본 단위당 세금 부과 같은 자본통제는 이자율 차이가 환율에 미치는 영향을 제거할 수 있다. 선진국 통화정책으로 신흥시장국에 자본의 총 유입과 금융시스템에 대한 잠재적 효과를 차단할 수 있기 때문이다.

예를 들어, 선진국 통화완화 정책에 따른 유동성 쓰나미(신흥시장국으로 대규모 자본 유입)는 신흥시장국의 금융안정성에 부정적 효과로 작용한다. 즉 주어진 환율에서 선진국 정책금리의 하락은 선진국 투자가들로 하여금 신흥시장국 자산에 대한 수요를 크게 증가시킨다. 따라서 신흥시장국으로 자본 유입이 증가한다. 이때 이론적으로 신흥시장국이 외환시장에 개입하지 않으면 자본 유입이 순수출 감소(무역적자 증가)에 의한 자본 유출로 상쇄될 때까지 신흥시장국 통화가치는 절상된다. 그러나 문제는 이렇게 점진적으로 자본이 유출되는 것이 아니라 유입된 해외 자본이 갑자기 유출될 때 신흥시장국은 외환위기를 겪을 가능성이 높아진다는 점이다. 따라서 자본통제는 통화정책의 전염효과에 따른 갈등을 제거할 수 있다.

                금융위기 발발 이후 콜럼비아대의
스티글리츠나 하버드대의 테일러 등 주요 경제학자들은 거시경제학
(주류경제학)의 실패 혹은 파산을 선언하였다. 이들의 평가와 관계없이
주류경제학이 금융위기를 예측하지 못한 것은 부인할 수 없는 사실
이다. 그렇다면 금융위기 이후 주류경제학은 변했는가?

  금융위기 이후 주류경제학은 정보 비대칭성, 신용 제약, 차입자에
대한 모니터링 비용 등 금융시장 마찰들을 고려하고 있지만 금융위기
의 사전적 특징들인 부채의 점진적 증가와 레버리지 증가 그리고 집값
하락이나 금리 인상 등 작은 일상적인 경제적 충격으로 인한 금융위기
발발 등 충격 확산에 대해서는 설득력 있는 설명을 제공하지 못한다.
즉 기본적으로 주류경제학은 오늘의 안정성이 왜 미래의 불안정성을

〈그림 4〉 연준 금리 추이 1984년 6월 이후

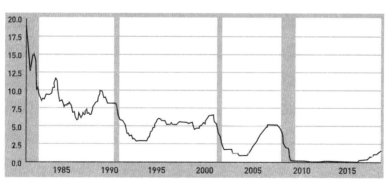

출처 : 미국 세인트루이스 연준(FRB. of St. Louis)

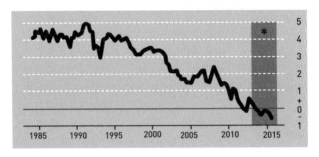

〈그림 5〉 주요 선진국의 장기 평균 실질금리 추이

주 : 이탈리아를 제외한 G7 국가들의 인플레 조정한 평균 10년 채권 수익률
출처 : M. King and D. Low, "Measuring the 'world' real interest rate," NBER Working Paper, Feb.
2014; Economist, The fall in interest rates: Low pressure, Sep. 24th 2016에서 재인용. https://
www.economist.com/news/briefing/21707553-interest-rates-are-persistently-low-our-
first-article-we-ask-who-or-what-blame posted on May 14th, 2018.

대가로 달성되는지에 대한 이유를 설명하는 데 실패하고 있다.

앞에서 보았듯이 주류경제학에서 통화정책은 모든 충격의 해결수단
으로 상정되고 있고, 물가안정 속 저금리는 산출량 및 고용을 개선시
킨다. 〈그림 4〉와 〈그림 5〉에서 보듯이 대안정기가 시작되던 1980년
대 중반 이래 연준 금리뿐만 아니라 장기 실질 시장금리도 지속적으로
하락해왔다. 물가 상승률 하락(그림 6), 투자 수요에 비교한 저축 과잉,
소득 불평등 증가, 성장과 생산성 증가 둔화, 인구 변화 등이 금리의
추세적 하락 요인으로 작용했다. 특히, 물가 상승률 하락은 생산성 증
가율에 미치지 못하는 낮은 임금 증가율에서 비롯한 것이다(그림 7).

금융위기 이후 이들 요인 이외에 공급을 압도하는 안전자산에 대한
수요와 거대한 일회성 사건이 자산가치에 엄청난 영향을 줄 수 있는 꼬
리 리스크(tail risk)에 대한 경계심과 경제 기초체력에 대한 불확실성 등

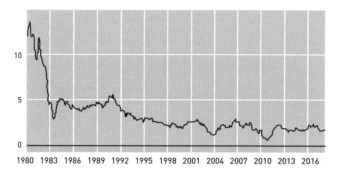

〈그림 6〉 미국 인플레율 추이(소비자물가 상승률, %), 1980~현재

출처 : Bureau of Labor Statistics, CPI—All Urban Consumers.
https://data.bls.gov/timeseries/CUUR0000SA0L1E?output_view=pct_12mths
posted on May 14th, 2018.

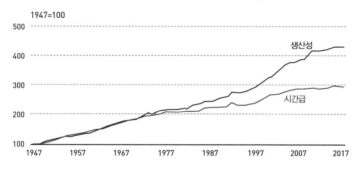

〈그림 7〉 미국의 실질 노동생산성과 시간급 보상, 1947~2017

출처 : Jay Shambaugh, Ryan Nunn, Patrick Liu, and Greg Nantz, "Thirteen Facts
about Wage Growth," Brookings Hamilton Project, Sep. 2017, Fg. B.

이 추가되었다. 특히, 1990년대 후반 이후 물가는 목표치 내에서 안정적으로 관리되었음에도 경기가 둔화될 때마다 경기부양을 공격적 금리 인하에 의존하였다. 그 결과 1981년 6월 19.1%에 있던 연준 금리는 2003년 6월 1%까지 내려가 2004년 6월까지 지속된다.

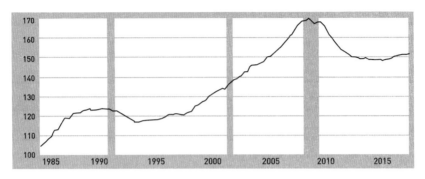

〈그림 8〉 GDP 대비 비금융 민간부문의 신용 규모 추이(%)

출처 : FRB of St. Louis. Total Credit to Private Non-Financial Sector, Adjusted for Breaks, for United States. https://fred.stlouisfed.org/graph/?id=QUSPAM770A, posted on May 9th 2018.

그러나 주류경제학은 저금리 비용을 간과하였다. 저금리로 인한 리스크나 수익 추구, 자산가격의 과잉 상승, 레버리지 및 신용 증가(그림 8), 확신 사이클 형성 등 금융안정 훼손에 대해서는 관심을 갖지 않는다. 눈덩이 효과와 같은 (물가 및 고용) 안정성 달성과 미래에 대한 과잉 낙관은 총지출과 차입을 지속 불가능한 수준까지 증대시킴으로써 금융 불균형을 초래한다.

예를 들어, 저금리와 지나친 낙관이 고수익을 노린 고위험 투자를 감당하기 어려울 정도로 확대시켜 금융시스템은 결국 공황 상태에 빠지게 된다는 민스키의 '금융불안정' 가설이 그것이다. 즉 통화정책은 자산가격이나 신용 등의 폭등과 폭락을 주기적으로 반복하는 금융 사이클(financial cycle)에 영향을 미치는 반면, 주류경제학에서는 금융 불균형을 (자산가격 상승을 금리 인상으로 억제시키는) '바람을 거스르는 방식(leaning against the wind)'보다는 '거품 붕괴 후 충분한 유동성 공급으로 금융시스템을 정상화시키는 방식(mop-up after the bust)'으로 대응한다. 이른바 '잭슨홀 컨센서스(Jackson Hole Consensus)'다. 미국 연방은행인 캔자스시티 연방은행이 매년 8월 주요국 중앙은행 총재 및 경제전문가들과 함께 경제정책 심포지엄을 개최한 와이오밍주의 휴양지인 잭슨홀의 이름을 딴 것이다. 세계 중앙은행들의 입장을 대변하는 '잭슨홀 컨센서스'에 따르면 중앙은행들은 자산가격을 목표로 삼아서는 안 되고(central banks should not target asset prices), 버블을 터뜨리려는 시도도 하지 말아야 하며(central banks should not try to prick a bubble), 버블이 꺼진 후 청소질, 즉 거시경제의 붕괴를 피하기 위해 충분한 유동성을 투입해야만 한다(central banks should follow a "mop-up strategy" after the burst of a bubble, which means injecting enough liquidity to avoid a macroeconomic meltdown).

이러한 주장은 버블 출현을, 즉 자산가격이 비정상적으로 급등한 것인지를 사전적으로 인식하기 어렵다는 관점에 기초한다. 기본적으로 어떤 투자자도 이용 가능한 정보를 기초로 한 거래에 의해 초과 수익을 얻을 수 없을 정도로, 자본시장의 가격은 이용 가능한 정보를 충분히 즉각적으로 반영하고 있다고 주장하는 주류경제학의 '효율적 시장 가설'에서 자산가격 인플레이션이 버블(시장 균형가격보다 월등히 높은 수준)로 발전하는 것은 불가능하기 때문이다. 즉 주류경제학에서는 금융시장의 참가자들이 모든 적합하고 충분한 정보를 사용하고, 수학적 방법론을 이용해 금융시장을 분석하거나 투자처를 결정하는 학문 분야인 금융공학이 만들어낸 상품들은 거시경제 및 시스템 리스크를 만들어내지 않기에 '위기'가 발생할 수 없다. 시장의 일시적 불균형은 가능하지만 위기가 시스템적으로 발전하기 전에 시장이 스스로 교정한다고 믿고 있기 때문이다.

예를 들어, 주류경제학은 금융시스템 내에 모든 경제 주체들이 필요할 때 확보할 수 있는 항상 충분한 신용이 존재한다고 믿는다. 이것이 시장이론이 개별 은행들에 대한 건전성 규제 이외에는(은행들이 자신의 위험을 스스로 관리하게 하는) '셀프 규제(self-regulation)'에 의존하는 것이 안전하다고 주장하는 배경이다. 게다가 버블은 사후적으로 판단할 수 있을 뿐이기에 중앙은행은 버블 판단이 불가능하고, 버블의 현실화를 피할 수 있는 유용한 수단도 갖고 있지 못하다고 주장한다. 무엇보다 자산가격 인플레이션을 금리 인상으로 처방할 경우 자산가격 붐을 억제하는 효과를 통해 버블 조성을 완화시킬 수 있으나 (산출량 및 고용 등) 거시경제 비용을 수반한다. 게다가 자산가격 상승이 거품이 아닐 경우에는 금리 인상이 경기를 후퇴시키는 우를 범할 수 있다고 주장한다.[043]

이처럼 단기적 물가안정목표제 및 지속적인 경제성장과 장기적 '금융 사이클' 리스크(금융안정성) 간 상충성 문제가 존재하지만 금융위기 이전까지 주류경제학은 금융 사이클에 대해서는 무관심했다. 아니 오히려 금융 불균형을 방조하였다. 사실, 주류(거시)경제학에는 실물 경기가 확장과 수축을 주기적으로 반복하는 '경기순환'은 존재하지만 자산가격이나 신용 등이 급등과 급락을 주기적으로 반복하는 '금융 사이클'은 존재하지 않는다. 주류경제학에서 금융시장은 시장의 완벽한 작동을 방해하는 마찰이 존재하지 않고 금융위기가 발생할 수 없는 세계이기 때문이다.

그러나 현실 세계에서 금융 사이클과 금융위기는 항상 존재해왔다.

〈그림 9〉 미국의 금융 사이클과 실물 경기 사이클

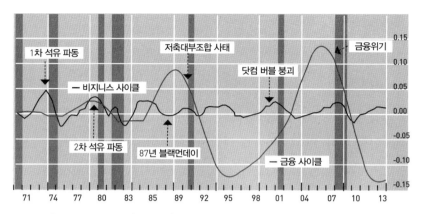

주 : 1. 금융 사이클은 실질 신용, (신용/GDP) 비율, 실질 주택가격을 포함
　　2. 비즈니스 사이클은 실질 GDP의 변동을 의미
출처 : C. Borio, "The international monetary and financial system:
　　　its Achilles heel and what to do about it," BIS Working Papers No. 456 (Aug. 2014), Graph 2 .

'폭등과 폭락의 순환(boom-bust cycle)'과 수많은 은행위기가 그것이다. 금융 사이클 주기는 전통적인 경기순환 주기보다 훨씬 길다. 후자의 주기는 8년가량이지만, 전자의 주기는 16~20년 혹은 그 이상이다(그림 9). [044] 즉 금융 사이클이 경기순환보다 두 배 이상 길다 보니 실물경기를 중심으로 한 통화정책이 신용 붐을 강화시킬 수 있는 것이다.

　기본적으로 성장 국면은 대출 기준 완화, 담보 자산가치 상승, 위험에 대한 보상 하락 등 신용 여건이 개선되고, 게다가 소득 증가로 부채 증가에 따른 부담을 완화시킬 수 있기에 신용이 팽창할 가능성이 높다. 문제는 실물 경기가 후퇴하는 상황에서도 신용 붐은 지속될 수 있는데 실물 경기 후퇴에 대한 대응으로서 통화완화가 신용 붐을 더욱 강화시킬 수밖에 없다는 것이다. 즉 경기가 후퇴하는 국면에서도 후퇴의 강도가 자산시장의 붕괴를 야기할 정도가 아닌 한 금리 인하 등 적극적 통화완화로 신용 팽창은 지속될 수 있다. 그 결과 경기순환보다 더 오랫동안 자산과 부채가 증가하는 경향이 있다. 소득과 지출, 대출 등이 저수지에 흘러들어가는 빗물(유량, flow)이라면 자산과 부채 등은 저수지에 고인 물의 양(저량, stock)이 된다. 저수지에 고인 물은 올해 내린 빗물만 있는 것이 아니라 지난해 내린 빗물 중 증발된 물을 제외하고 남아 있는 물도 포함된 누적된 물의 양이다. 즉 실물 경기순환이 반복되는 과정에서 금융 불균형이 성장하는 것이다. 시중에 떠도는 10년 주기 위기설의 배경이다. 즉 주류경제학에서는 외면하고 있지만 일반인은 경험적으로 금융위기의 주기성을 받아들이고 있는 것이다.

그런데 자산과 부채 스톡의 증가에 의한 신용 및 자산가격의 붐은 소득 증가 속도가 부채 증가 속도보다 빠르지 않는 한 지속 불가능하다. 부채의 절대 규모보다 소득 대비 부채의 비중을 고려하는 이유이다. 게다가 버블이 붕괴된 후의 가격 폭락은 종종 금융시스템 위기를 낳고, 그 결과는 소득과 부의 배분에 심대한 영향을 미치고 단기간 내에 해결하기 어려울 정도로 경제시스템을 불안정하게 만든다. 즉 위기 이후 부채 스톡의 축소 같은 '스톡 문제(stock problem)'가 가계소비지출 및 기업투자지출 등을 억압하여 소득이나 산출량이 후퇴 혹은 둔화되는 '플로우 문제(flow problem)'로 발전하면서 경기 침체를 장기화시키고, 그 결과 금리 인하 폭도 커지고 저금리 상황도 장기화된다.

대표적 사례가 미국 금융위기 이전의 통화완화와 신용 팽창에 따른 주택 투기 과열, 그리고 주택가격의 붕괴와 대침체였다. 즉 2000년대 초 닷컴버블 붕괴 이후 경기가 침체되자 연준은 금리 인하로 대응하였고 1%에 도달하였던 2003년부터 민간 모기지(주택담보대출금) 시장에서 모기지의 증권화 급증으로 이어졌다. 그 결과 2003년부터 2006년간 주택담보대출과 주택가격의 대규모 증가가 이어졌다. 이 과정에서 (법원 경매 등을 통해 압류 주택을 저가에 매입한 뒤 이를 수리해 단기간 내 되파는) '하우스 플리퍼(House Flipper)' 같은 단기 주택 투기자, 특히 저신용 등급의 단기 주택 투기자의 주택 구매가 급증하였다. 단기 투기자의 주택 구매는 2003~2006년간 주택 거래량 급증에 기여하였고 2007년 모기지 파산 위기를 촉발시켰다.[045]

게다가 장기간 저금리 상황, 특히 금리 하락기 중에는 보유한 채권 자산가격의 하락 등으로 자산과 부채의 갭(duration gaps)이 마이너스(−)가 되면서 보험회사와 민간 연금펀드의 지급 능력을 약화시킬 수 있다. 또한 장기간 저금리 상황에서 은행, 보험회사, 민간 연금펀드 등 금융회사들이 수익성을 개선하기 위해 위험추구 성향이 높아져 금융 안정성에 상당한 위험을 낳을 수 있는 우려가 있고, 설사 금융회사들이 추가적인 위험추구가 없더라도 금리가 갑작스레 반등할 경우 금융회사는 특히 과대평가된 위험자산을 갖고 있는 경우 위험자산 가치 하락으로 위험에 직면할 수 있다. 충분한 완충자본을 확보하지 않은 은행의 경우 자산가치와 신용 손실로 지급불능 문제에 직면할 수 있는 반면, 보험회사나 민간 연금펀드는 파생상품 투자 손실에 따른 추가 담보 요구에 직면함으로써 유동성 문제에 직면할 수 있다.[046]

그럼에도 금융위기 이후 주류경제학과 중앙은행들은 여전히 "물가안정은 경제주체가 보다 쉽게 상대가격을 고려하여 의사를 결정할 수 있도록 해줌으로써 자금 배분의 효율성을 높이고 자산가격의 변동성을 축소시키기에 금융안정 여건 조성에 기여한다"는 입장을 견지하고 있다. 단지 물가안정 속에서도 급격한 신용 팽창과 부실화, 자산가격의 급등락 등 금융 불안 사례를 경험한 것에 비추어 물가안정이 금융안정을 보장하는 것은 아니라는 입장을 보완했을 뿐이다.[047] 이처럼 주류경제학과 중앙은행은 '경험'을 설명할 수 있는 경제이론의 근본적 수정이 아닌, 금융위기로 드러난 '경험'은 특수한 사례로 치부하거나 혹은 이론과 현실은 별개라는 무책임한 태도를 견지하고 있다. 즉 물가안정 상황이 수반할 저금리 기조가 신용 팽창을 초래하는 메커니즘을 수용하지 않고 있는 것이다. 주류경제학은 과도한 신용 팽창이 수반할 금융위기라는 사후적 비용보다 신용 팽창이 만들어주는 경기 안정이라는 달콤한 설탕의 유혹을 벗어나지 못하는 것이다.

게다가 더 큰 문제는 낙관주의와 신용 팽창의 '자기 강화 사이클(self-reinforcing cycle)'이 작동하면 레버리지와 신용증가율은 이자율에 상대적으로 민감하게 반응하지 않기에 통화정책 효과도 제한적이라는 점이다. 또한 내수 부양에 따른 금융 불안정을 초래할 금융 불균형 악화 비용(예:자산가격 및 신용 폭등 후 폭락)에 대해 자산가격과 신용을 억제시키는 거시건전성 규제, 그리고 심지어 내수를 억압하는 긴축 재정정책의 도입은 가능한가? 즉 리스크에 대한 사전적 대응이 중요하기에 안정 국면에서 내수경기 억제 수단을 동시 사용해야 하는 문제가 존재한다.

금융위기 이후 10년 넘게 지속된 저물가를 핑계로 초금융완화가 지속되며 자산가격 거품을 조성하는 등 금융 불안정을 키우고 있지만, 금융안정을 위한 적극적 조치는 수행하고 있지 않다. 경기 회복이나 부양에 찬물을 끼얹기 싫기 때문이다. 사실, 10년 넘게 진행된 초금융완화 기조에도 저물가가 지속된다는 것은 저물가가 화폐적 현상이 아니라는 것을 의미한다.

저물가 지속이 화폐적 현상이 아니라면 통화완화는 자산가격 인플레이션 등 금융 불균형 및 금융 불안정을 초래할 수밖에 없다. 즉 1980년대 중반 이후 대안정기나 금융위기 이후 물가안정 기조는 글로벌화에 따른 경쟁 압력 증가와 더불어 생산성 증가율에 미치지 않는 임금 증가율 때문이다.

낮은 임금 증가율은 소득 불평등 심화의 원인으로 작용했고, 소득 불평등 심화는 저소득층과 중산층을 중심으로 가계부채 증가 및 고소득층 중심의 저축 과잉 원인으로 작용했다는 점에서 신용 팽창은 소득 불평등과 깊은 관련성을 맺고 있다. 고소득층일수록 소득에 대한 저축 비율인 저축성향이 높기에 저축액을 증가시키는 반면 저소득층은 소비를 뒷받침할 소득의 부족을 차입으로 해결해야 하기 때문이다.

금융이 고소득층의 저축을 저소득층의 부채로 연결시키는 매개체 역할을 수행한 것이다. 이런 점에서 소득 불평등이 증가할수록 가계의 부채가 증가하는, 이른바 소득 불평등과 레버리지가 함께 움직이는 공진화가 진행된 것이고 금융의 과잉성장과 가계의 채무화가 동전의 앞뒷면을 이루는 것이다. 그리고 이 모든 불균형에 소득 불평등이 작용하고 있는 것이다.

대안 4 **소득 불평등 해결 없는 금융안정은 불가능**

　　　　　　　　　　금융위기의 경험은 물가안정 속에
경기가 후퇴할 때마다 금융 완화로 대응할 경우 신용과 레버리지 증
가 그리고 버블 붕괴라는 자산가치의 폭등과 폭락 반복을 초래할 수
밖에 없음을 보여주었다. 문제는 금융 사이클의 후유증이, 즉 버블
붕괴 후 경기 침체 규모나 지속 기간에서 실물경기순환 국면에서 겪
는 경기 침체보다 매우 크고, 특히 저소득층이나 중산층의 피해가 크
다는 점에서 실물경기순환의 변동성을 완화시키는 통화정책이 비효
율적이라는 점이다. 게다가 금리 인하의 경기부양 효과가 크지 않다
는 점에서 주류경제학에 기반한 통화정책은 이득보다 비용이 절대적
으로 큰 잘못된 경제정책이다.

　경제정책과 통화정책의 방향을 바로잡기 위해 우리는 금융 완화를
가능케 했던 물가안정이나 신용 팽창 등의 이면에는 생산성에도 미치
지 못하는 임금 증가율 정체를 포함해 소득 불평등이 놓여 있다는 점을
주목해야만 한다. 물가안정이 이루어진 지난 30년은 지속적으로 통화
완화가 진행되었다는 점에서 물가는 화폐적 현상이라는 주류경제학의
화폐이론 주장은 설득력이 없다. 낮은 임금 증가율과 소득 불평등 심
화는 부동산 대출을 중심으로 한 가계부채(신용) 증가와 금융의 과잉 성
장으로 나타났다.

　은행 등 금융회사는 일반 기업과 달리 자산의 대부분이 부채로 구성
된다. 이는 가계부채 등 신용 성장이 금융 성장과 동전의 앞뒷면을 구

성하는 배경이고, 금융기관의 '과잉 대출 경향성'의 원인이다. 즉 금융회사들은 광범위한 주식의 분산 보유에 기초한 유한책임 회사이기에 대출 규모나 자산운용 능력은 그들의 조달 자금 규모에 의존하는 반면, 대출 등 자산운용으로 발생하는 리스크(손실)에 대한 책임은 자기자본 범위에서 국한된다. 그 결과 금융회사의 인센티브는 이득과 손실이 모두 자신의 몫인 개인의 경제 행동 동기와 비교해 왜곡될 수밖에 없다. 금융위기를 겪을 때마다 각국의 금융감독 당국이나 국제결제은행(BIS) 등이 금융회사의 자기자본을 강화시킨 배경이다.

그렇지만 '예금자보험'의 보장 범위와 규모의 확장 등 여러 형태로 은행 부채에 대한 보장 제도를 강화하고, 특히 파산 시 금융시스템 및 경제 전체에 미치는 영향을 고려하여 대형은행은 절대 파산시키지 않고 구제해주다 보니 금융회사는 끊임없이 신용을 확장시키려는 동기를 갖는다. 그리고 이러한 금융회사의 '과잉 대출 경향성'은 주기적으로 위기를 만들어낸다. 금융위기 이전에 미국의 주요 투자은행들의 레버리지 배율(=자산/자기자본)은 33배에 달할 정도였고, 이 금융위기 이후 레버리지 규제를 강화시키는 배경이 되었다.

그러므로 신용(대출) 팽창을 억제시키는 규제도 필요하지만 근본적으로 신용 팽창의 주요 원인 중 하나인 소득 불평등 완화가 통화정책 목표에 추가될 필요가 있다. 소득 불평등과 가계부채 및 레버리지의 공진화가 보여주듯이 소득 불평등 심화가 신용 팽창과 깊은 관련성을 맺고 있기 때문이다. 즉 금융안정을 위해 통화정책은 소득 불평등에 적극 개입해야 한다. 소득 불평등의 개선 없이 금융위기는 반복될 수밖에 없기 때문이다.

　중앙은행의 가장 큰 힘은 통화를 발행할 수 있는 '발권력'이다. 행정부는 국회(국민) 동의 없이 재정지출을 할 수 없는 반면, 중앙은행은 통화정책 운용에 있어서 기본적으로 국회의 견제도 받지 않는다. 물론 통화정책의 목표들—물가안정, 완전고용, 금융안정 등—을 추구하도록 요구받지만 통화정책 운용에 있어서 상당히 자의적인 권한을 행사할 수 있다. 무엇보다 통화정책을 결정하는 위원회(예:한국은행 금융통화위원회, 연준 공개시장위원회 등) 구성도 나라마다 차이가 존재하지만 기본적으로 위원회 구성에서 취약계층의 이해는 반영되지 않고 있다.

　중앙은행이 화폐량을 어느 정도 발행하고, 어떤 목적을 위해 발행하는가는 사회 구성원들에게 매우 중요하다. 기본적으로 중앙은행은 자신이 발행한 화폐가 제대로 기능하기 위해 화폐가치의 안정, 즉 물가안정을 기본 목표로 설정한다.

　그런데 화폐가치 안정은 실업자 등 취약계층보다 화폐를 많이 보유한 사람에게 중요한 의미를 갖는다. 화폐가치의 하락을 의미하는 물가상승은 화폐자산 보유자에게 피해를 입히기 때문이다. 물론, 취약계층에게도 물가안정은 중요하지만 이들에게 더 중요한 것은 소득의 안정적 확보, 즉 일자리다. 한국은행과 달리 연준이 통화정책의 목표 중 하나로 완전고용을 포함하고 있는 것은 철저한 계급적 이해 타협의 산물이다.

　미국은 1946년 고용법을 통해 국가에게 '최종고용자' 의무를 부과하였고, 이 연장선에서 완전고용 달성을 연준 통화정책 제일의 목표로 설정한 것이다. 기업의 관점에서 실업은 유효수요가 부족한 상황에서 기업이 기대하는 이윤이 모든 고용을 보장하지 못한 결과다. 즉 기업은 모두에게 일자리를 제공하지 못할 뿐 아니라 장기적으로도 완전고용은 기대하기 어렵다. 반면, 가계의 관점에서 실업은 원하는 것이 있지만 돈을 획득할 수 없는 사람의 존재를 의미한다는 점에서 '화폐적 현상'이다. 그리고 화폐가 국가의 창조물이라는 점에서 실업을 국가의 책임(최종고용자 의무)으로 규정한 것이다.

그러나 한국의 경우 실업 문제는 통화정책보다 재정정책에 더 많은 역할을 배분하고 있을 뿐 아니라 재정정책도 그리 효과적이지 못하다. 따라서 취약계층의 경제적 자립을 지원하기 위해 중앙은행의 발권력이 활용되어야 한다. 제1 금융권에 취약계층의 접근이 어렵거나 높은 대출금리를 요구받고 있듯이 금융시장은 취약계층에게 도움을 주지 못할 뿐 아니라 빚을 내 빚을 갚아야 하는 채무의 악순환으로 몰아넣는다는 점에서 오히려 상황을 악화시킨다. 즉 취약계층의 자활 프로젝트에 중소기업처럼 정책금융(예:금융중개지원대출)을 지원해주는 등 중앙은행이 직접 개입해야 한다.

취약계층의 경제적 자립은 사회적 비용(예:기초생활보장 생계급여 지원이나 부채 탕감 등)을 줄일 뿐 아니라 내수를 강화시키고 사회의 인적자본을 증가시킴으로써 성장을 지원한다. 즉 소득분배가 개선될수록 사회의 평균소비성향은 높아지고, 새로운 기술이나 지식 등에 대한 저소득계층의 투자를 증대시키기 때문이다. 결국, 사회의 소득분배가 개선될수록 가계의 소득 대비 신용 비중이 낮아져 금융위기 가능성은 낮아질 것이다.

통화정책의 독립성 약화와 깊은 관련성을 맺고 있는 이슈가 '글로벌 불균형' 문제다. 매우 거친 방식으로 미국의 상품수지 적자를 줄이려는 트럼프식 보호주의에서 보듯이, 글로벌 금융위기 이후 글로벌 불균형은 국제경제에서 가장 뜨거운 이슈로 부상하였다. 미국은 금융위기의 여러 원인 중 하나로 글로벌 불균형을 지적하였다. 이른바 (중국을 비롯한 신흥국의 과잉저축이 금리를 떨어뜨리고 미국의 투자수요를 자극해 중국 등 신흥시장국의 경상수지 흑자와 미국의 경상수지 적자라는 글로벌 불균형이 심화됐다는) 버냉키의 '글로벌 저축 과잉(global savings glut)'론이다.

미국의 과도한 경상수지 적자, 즉 중국을 중심으로 해외의 과도한 경상수지 흑자가 미국의 통화정책 효과를 약화시킴으로써 주택시장의 과열을 억제하지 못했고, 그 결과 금융위기가 발발했다는 주장이다. 그러나 이러한 주장은 보다 근본적 원인인 미국의 소득 불평등과 그에 따른 부채 주도 성장 전략의 결과라는 사실을 은폐하는 것이다. 아무튼 미국은 글로벌 불균형 해소를 위해 금융위기가 걷잡을 수 없이 전개되던 2008년 세계 19개 국가의 정상들을 11월 18일 워싱턴에 초청하여 G20 정상회담을 갖기로 결정했다.

오바마 당선이 확정되고 부시 행정부의 임기가 사실상 끝나 정권 교체를 눈앞에 둔 상황에서, 게다가 기존의 G7이 있음에도 G20을 만든 이유는 미국을 비롯해 주요 선진국들의 역량으로는 금융위기 후폭풍을 잠재우기 어려웠기 때문이다. 기존의 G7에 추가된 13개 국가 중 EU 의장국을 제외한 12개 국가 모두가 신흥시장국이었던 것은 이들의 협조 없이 금융위기를 진정시키는 것이 어려웠던 것이다. 사실, 미국 내부에서는 20개 국가 모임체가 효과적으로 운영될 수 있을까 하는 생각부터 미국 입장을 용이하게 관철시킬 수 있을까 하는 이견이 존재하였다. 그럼에도 금융위기 이후 무너져내리는 세계 경제를 막기 위해 불가피했던 것이다.

G20 정상회담 창설은 국제질서와 글로벌 거버넌스 체제의 민주성과 효율성과 보편성을 개선시킨 측면이 존재한다. G7보다는 보편성이 강화되고 IMF나 세계은행보다는 민주성이 강화되고, UN이나 WTO보다는 효율성이 강화되었기 때문이다. 물론 G20은 민주성과 보편성과 효율성 모두가 부족하다고 얘기할 수도 있을 것이다.

그렇지만 세계 GDP의 약 85%, 전 세계 인구의 약 2/3, 세계 교역액의 약 75%를 차지[23]한다는 점에서 기존의 국제기구들보다 실질적으로 세계를 대표하는 성격을 갖는다. 또한, 세계 주요 이슈에 대해 미국의 목소리가 반영되지 않자 자신이 만든 새로운 체제를 외면하며 금융위기 발발 직후보다 그 역할이 왜소화된 면이 있지만 국제협력이 글로벌 공공재의 성격이 증대할수록 G20의 의미는 커질 수밖에 없을 것이다.

1차 G20 정상회담에서 의장국인 미국은 자신의 목표인 글로벌 불균형 해소를 의제로 설정하지 못했다. 금융위기로 세계 경제가 곤두박질

---

23 2018년 11월 30일~12월 1일 아르헨티나에서 열리는 G20 정상회의 홈페이지에서 제시한 수치 기준.

치는 상황에서 당장 발등에 떨어진 불부터 꺼야 했기에 적극적 재정 부양의 국제 공조가 필요했기 때문이다. 2009년 4월 런던에서 열린 2차 G20 정상회담에서는 의장국이 영국이었기에 글로벌 불균형보다 금융개혁이 핵심 의제로 다루어졌다. 같은 해 9월 3차 G20 정상회담을 피츠버그에서 다시 개최한 미국은 "지속 가능한 균형성장을 위한 협력체계(Framework)의 마련"에 대한 합의를 끌어냄으로써 글로벌 불균형의 해결을 정상회의의 주요 과제로 관철시켰다.

2010년 5월 캐나다 토론토의 4차 G20 정상회담에서는 선진국, 특히 유럽의 재정위기가 부상하면서 글로벌 불균형이 아닌 국가 부채를 주요 의제로 다루었다. 같은 해 11월 5차 G20 정상회담이 열린 서울에서 미국은 글로벌 불균형 해소를 위해 구체적 방법에 대해 논의하기를 원하면서 환율, 특히 위안화를 주요 의제로 다루기를 원했다.[24]

반면 다른 회원국들, 특히 유럽 회원국들은 위안화 이슈가 미·중 양자간 문제로 G20 정상회담 의제에 적합하지 않다는 입장이었다. 의장국인 한국은 이러한 분위기를 반영하여 환율 문제를 의제로 다루는 것을 원치 않았다.[25] 그러나 한국은 미국의 요구대로 끌려갔다. 그럼에도 경상수지를 GDP의 4%로 제한하는 '경상수지 목표제' 도입을 추진했던 미국의 의도는 다수 회원국들의 반대로 관철되지 못하였다. 오히

---

24 즉 9월 16일 티머시 가이트너 미 재무장관은 중국 위안화를 정면으로 겨냥해 "오는 11월 개최되는 서울 G20 정상회의에서 위안화 절상을 위한 지지 세력을 규합하겠다"고 밝혔다.

25 예를 들어, 당시 우리나라의 회담 실무책임자로서 의제를 조율하기 위해 프랑스를 방문 중에 있던 윤증현 장관은 9월 23일(현지시간) 파리에서 로이터통신과 인터뷰를 통해 "특정 국가의 환율에 관해 논의하는 것은 적절하다고 생각하지 않는다"고 말했다.

려 중국이나 브라질, 인도 등은 미국의 양적완화 지속이 야기할 문제(예:통화전쟁)에 대한 논의를 부각시키며 미국을 간접적으로 압박하였다.

사실, GDP의 4% 이내로 제한하자는 경상수지 목표제는 독일, 일본, 중국, 한국 등 일부 국가의 이해를 침해할 뿐 아니라 무엇보다 논리적 타당성을 결여한 주장이었다. 경상수지 흑자의 적정 규모에 대한 이론적 근거가 취약하기 때문이다. 이에 미국은 '무역법 1974(Trade Act of 1974)'를 수정한 '무역촉진법 2015(Trade Facilitation and Trade Enforcement Act of 2015)', 이른바 '베넷-해치-카퍼 수정 법안(Bennet-Hatch-Carper, BHC 법안)'을 2016년에 발효시켰다.

이 수정 법안은 제7편에 환율조작(Title 7, Currency Manipulation) 내용을 포함하기에 '환율조작국 제재 법안'으로 불리기도 한다. 4월과 10월, 1년에 두 차례 미국 재무부가 의회에 제출하는 '환율보고서(Macroeconomic and Foreign Exchange Policies of Major Trading Partners of the United States)'는 환율조작국의 지정 요건으로 1년간 대미 상품수지 200억 달러를 초과하는 경우, 경상수지 흑자 규모가 GDP의 3%를 초과하는 경우, 외환시장 달러 순매수 비중이 GDP 대비 2% 초과하거나 12개월 중 8개월 이상 순매수한 경우로 제시했다. 세 가지 요건 모두를 위반할 경우 환율조작국으로 지정하여 무역 보복을 하고, 두 가지 요건을 위반할 경우에는 관찰 대상국으로 지정하고 있다.

2015년 수정 법안에서는 경상수지 규모를 3%로 다시 축소하였다. 즉 미국이 교역국에 요구하는 경상수지 흑자 규모는 매우 자의적이다. 이론적 근거도 없이 5년 만에 경상수지 흑자 규모가 GDP 4%에서 3%

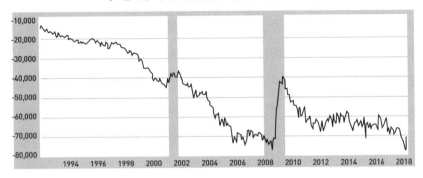

〈그림 10〉 미국의 상품수지 적자 추이(백만 달러)

출처 : FRB of St. Louis, Trade Balance: Goods, Balance of Payments Basis
https://fred.stlouisfed.org/graph/?id=BOPGTB, posted on May 14, 2018.

〈그림 11〉 미국의 상품수지 적자, GDP 대비 %

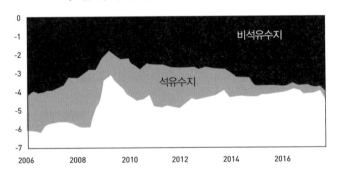

출처 : Bureau of Economic Analysis, Macroeconomic and Foreign Exchange Policies
of Major Trading Partners of the United States, Report to Congress, U.S.
Department of the Treasury Office of International Affairs, April 2018에서 재인용.

로 1% 축소한 것이다.

금융위기 직전 GDP 대비 6%에 달했던 미국의 상품수지 적자는 금융
위기 이후 상당히 축소되기는 했으나 4% 수준에서 더 이상 축소되지 않
고 있다(그림 10과 11 참고). 이 중 거의 절반가량이 중국으로부터 발생하고

있다. 문제는 미국이 중국의 위안화 평가절상을 꾸준히 요구하고 있지만 위안화 절상에도 대중 상품수지 적자가 축소되지 않고, 무엇보다 중국의 대미 상품수지 흑자가 축소된다고 해서 미국의 상품수지 적자가 축소될 가능성도 다음의 두 가지 이유로 크지 않다는 점이다.

첫째, 환율이 경상수지에 미치는 영향은 확인되지 않는다.[048] 둘째, 위안화 절상을 통해 중국 상품에 대한 미국 수입이 감소하더라도 중국으로부터 수입하던 상품이 미국 내 생산으로 대체될 가능성은 거의 없고 다른 신흥시장국으로 수입선이 변화할 가능성이 높기에 미국의 상품 무역수지 적자는 감소할 가능성이 거의 없다. 이에 미국의 대응은 점점 거칠어지고 있다. 예를 들어 트럼프 행정부는 기존의 국제 규칙을 무시하고, FTA 협정 폐기와 철강 관세 부과 등 보호주의 강화 등을 통해 미국의 상품 무역수지 적자 축소를 추진하고 있다.

문제는 미국이 비난하는 중국의 관행이 역사적으로 모든 선진국이 다른 선진국을 따라잡을 때 했던 것과 크게 다르지 않다는 점이다.[049] 예를 들어, 중국에 대한 미국의 주된 불만 사항 중 하나는 중국인이 기술 비밀을 훔치기 위해 지적재산권을 체계적으로 침해한다는 것이다. 하지만 19세기 미국도 당시 기술 리더였던 영국의 통상 비밀에 관심을 갖고 있었다. 즉 뉴잉글랜드의 신생 섬유 공장들은 기술확보에 필사적이었고 영국의 디자인을 훔치고 영국의 숙련 직공들을 밀수하기 위해 최선을 다했다. 당시 미국은 특허법을 가지고 있었지만 미국 시민들만 보호했다.

사실, 산업 스파이는 18세기 내내 유럽에서 활동했는데 영국과 프랑스는 귀중한 상업적 정보에 접근하기 위해 외교관을 이용하기도 했다. 유럽 정부는 수입품으로 특허를 낼 경우 그 수입품이 자국 내에서 새로운 것이라면 특허를 신청하는 사람에게 발명가가 되기를 요구하지 않았다. 오히려 해외에서 아이디어를 훔쳐 국내로 가져오도록 적극적으로 권장했다. 해외로 갖고 나가지 못하도록 원나라가 금지한 품목에 목화씨가 포함되어 있었는지는 논란이 있지만, 원나라에서 목화씨를 가져와 우리나라가 실을 짜서 옷을 만드는 기술을 발전시킨 문익점을 우리도 영웅(?) 취급하고 있지 않는가.

그렇다면 왜 미국은 중국이나 한국 등에 대해 환율에 대한 정부 개입을 반대하며 시장에서 환율이 결정되기를 요구하는 것일까? 이와 관련하여 미국의 순해외투자 포지션(=직접투자+포트폴리오 투자+파생상품 투자+기타 투자)과 그 결과인 순해외투자 수지를 주목할 필요가 있다.

GDP 대비 미국의 순해외투자 포지션의 적자 규모(그림 12와 13)는

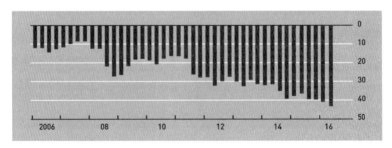

〈그림 12〉 미국의 순국제투자대조표, GDP 대비 %

출처 : Economist, America's foreign debts: Net debt, big returns, Nov. 5th 2016.
　　　https://www.economist.com/news/finance-and-economics/21709549-exorbitant-
　　　privilege-looks-greater-ever-net-debt-big-returns posted on May 14, 2018.

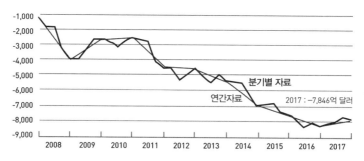

〈그림 13〉 미국의 순국제투자대조표 추이(십억 달러)

분기별 자료
연간자료
2017 : −7,846억 달러

출처 : FRB of St. Louis, U.S. Net International Investment Position
https://fred.stlouisfed.org/series/IIPUSNETIQ posted on May 14, 2018.

〈그림 14〉 미국의 순해외소득 추이, GDP 대비 %

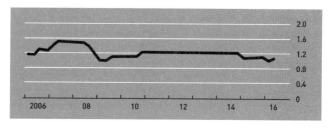

출처 : Economist, America's foreign debts: Net debt, big returns, Nov.
5th 2016. https://www.economist.com/news/finance-and-
economics/21709549-exorbitant-privilege-looks-greater-ever-net-
debt-big-returns posted on May 14, 2018.

2006년 10%가 조금 넘었으나 2016년에는 적자 규모가 40%를 넘
어설 정도로 급증했음에도 순해외투자 수지는 GDP 대비 1% 정도
를 유지하고 있다(그림 14). 미국 투자가들은 자금 조달 비용에서 유리
할 뿐 아니라 해외투자 수익률이 미국 투자에서 취득하는 수익률보
다 높기 때문이다. 그리고 미국 투자가들이 해외에서 높은 투자 수
익을 얻기 위해서는 환율이 시장에서 결정되어야만 가능하기 때문이

다. 문제는 미국의 요구를 수용할 경우 신흥시장국의 (환율 안정성을 포함한) 환율주권(화폐주권)이 약화되고 외환시장 리스크가 크게 증가한다는 점이다.

이처럼 글로벌 불균형을 해소시키려는 미국의 입장은 이해가 된다. 그러나 이에 대한 주류경제학의 처방은 결코 해법이 될 수 없다. 주류경제학은 경상수지 균형이 바람직한 것으로 본다. 경상수지 흑자는 비용이 발생하기 때문이다. 예를 들어, 국내에 달러 유입이 증가하면 달러 가치를 하락(원/달러 환율을 하락)시켜 수출을 위한 가격경쟁력이 하락하고 그에 따라 실물 경제에 부정적 효과를 미치므로 정부는 경쟁력 있는 환율을 유지하기 위해 외환시장에 개입(예:달러 매입)하고, 달러를 매입하기 위한 자금을 조달하기 위해 국채(예:외국환평형기금 채권)를 발행하기에 채권 발행 비용이 수반된다. 이 비용을 '불태화(sterilization) 비용'이라고 부른다. 또한 국내 달러 유입의 증가는 통화량 증가 및 인플레 요인이 되기에 물가안정을 위해 중앙은행은 채권(예:통안증권)을 발행하여 시중 통화량을 회수한다. 이 과정에서 비용이 발생하는데 이 비용 역시 불태화 비용에 해당한다.

불태화 비용은 국민의 세금 부담을 증가시킨다. 그래서 주류경제학은 경상수지 흑자가 과도할 경우 확장적 재정정책을 통해 경상수지 흑자를 축소시킬 것을 주장한다. 경상수지 흑자는 일반적으로 무역수지(순수출=수출−수입) 흑자가 클 경우 발생하고 수출이 수입보다 크다는 것은 국민소득의 지출 측면에서 내수가 부족하고, 그 부족분을 해외 수요로 해결한다는 것을 의미한다.

이론적으로 경상수지 흑자는 총 저축이 총 투자를 초과하는 상태와 일치한다. 즉 과잉 저축과 과소 소비를 의미한다. 따라서 민간부문 소비가 부족하기에 정부 소비를 늘려 내수와 해외 소비를 늘리면 무역수지는 균형을 회복할 가능성이 높아진다. 그런데 자국의 통화가 대외결제통화가 아닌 신흥시장국의 경우 경상수지가 적자가 되거나 심지어 균형이 되었다고 해도 불안해한다. 반면 경상수지 흑자를 기록하면 안도한다.

외환위기에 대한 트라우마가 있는 국가일수록 이런 현상은 보다 강하다. 경상수지 흑자는 대외결제통화인 달러를 확보할 수 있고 외환보유고가 증가하는 것을 의미하기 때문이다. 즉 외환보유고라는 완충장치(reserve buffers)는 대외결제통화를 갖지 못한 신흥시장국에게는 일종의 '자기보험'인 것이다. 즉 불태화 비용 발생에 따른 국민 부담의 증가에도 신흥시장국이 경상수지 흑자와 외환보유고 축적을 추진하는 것은 외환보유고 부족에 따른 비용들(예:외환위기 가능성 증가나 외환시장 불안정 증대 등)이 더 크기 때문이다.

국민의 세금 부담을 증가시키는 불태화 비용을 낮추기 위해 신흥시장국 정부나 중앙은행 등이 보유한 달러는 무수익 자산이기 때문에 안전하면서 수익을 낳는 미국채나 미국 정부기관이 발행한 채권(agency ABS) 등에 투자를 한다. 앞에서 지적했듯이 이러한 투자는 미국의 장기 채권 가격의 상승과 그에 따른 장기채권 수익률, 즉 장기이자율 하락 요인이 되면서 미국 통화정책 효과를 무력화시킬 가능성이 있다.

이처럼 경상수지의 균형이 필요하다고 주장하는 주류경제학은 미국과 신흥시장국의 입장 중 미국의 주장에 편향되어 있다. 경상수지 균형은 달러의 대외 유출을 최소화시키고 그 결과 통화정책 운용의 독립성을 확보할 수 있기 때문이다. 문제는 한국에서 경제학을 가르치는 많은 교수들이 이 편향성을 느끼지 못하고 경상수지 흑자를 바람직하지 못한 것으로 가르치고 있다는 점이다.

경상수지 흑자 축소와 외환시장 개입을 반대하는 미국에 대해 신흥시장국들은 연준이 외국의 중앙은행에 단기 달러 유동성을 공급해주는 '달러 유동성 스왑 창구(Liquidity Swap Facilities)'를 선진국뿐만 아니라 자국에게도 확대시킬 것을 요구하지만 미국은 이 요구를 거부하고 있다.[26] 미국 입장에서는 상시적으로 달러의 대외 유출 가능성을 우려할 수 있지만 그보다는(더 중요한 속내는) 월가 투자가들의 투기적 행동이 위축되기 때문이다.

신흥시장국을 중심으로 대외결제통화를 갖지 못한 개도국들은 자신들의 통화로 해외에서 차입할 수 없는 이른바 '원죄(the original sin)'(?)를 갖고 있기에 외환보유고라는 완충장치 없이는 불안 속에 살아갈 수밖에 없다. 이러한 불안에 대한 안전장치를 마련해주지 않고 경상수지 흑자를 축소시키라는 미국의 요구를 신흥시장국들은 수용하기 어려운 것이다.

---

26 금융위기 발발과 함께 미국 달러에 대한 은행 간 자금조달 시장이 얼어붙자 연준은 2007년 12월부터 유럽중앙은행(ECB)과 스위스은행(SNB)에 미국 달러 유동성 지원(liquidity lines)을 시작했다. 2008년 9~10월에는 12개 중앙은행을 추가했다. 스왑 지원 규모도 2007년 12월 670억 달러에서 2008년 10월 초에는 6,200억 달러로 확장했다. 2008년 10월 중순에는 ECB, BoE, SNB, BoJ 등 4개 중앙은행과 스왑 창구의 상한선을 제거했다. 스왑의 최대 규모는 2008년 12월 중순에 연준 자산의 25%가 넘는 5,800억 달러까지 치솟았다. R. Mohan and M. Kapur, "Monetary Policy coordination and the Role of Central Banks," IMF Working Paper WP/14/70 (April 2014). 반면 중국은 통화스왑을 활용해 경제위기에 빠진 신흥시장국의 '최종 대부자'역할을 함으로써 국제사회에 대한 영향력을 확인하고 있다. 이를 통해 미국이 주도하는 IMF의 위상을 약화시킬 수 있기 때문이다. Bloomberg, "China Offers Russia Help With Currency Swap Suggestion" (Dec. 22, 2014).

신흥시장국들은 성장 지원과 급작스런 자본 흐름 정지의 악영향 등을 고려할 때 경쟁력 있는 환율 유지를 위한 외환시장 개입이 불가피하다. '환율주권'의 문제인 것이다. 그러나 신흥시장국의 외환보유고 축적을 위한 경쟁력 있는 환율 유지와 지속적인 외환시장 개입은 '글로벌 과잉 저축'의 폐해를 다시 만들어낼 가능성이 높다. 게다가 미국(을 포함한 선진국)과 신흥시장국 사이의 평행선은 세계 성장에 부정적으로 작용할 가능성도 높다. 신흥시장국의 외환보유고 축적은 내수를 취약하게 함으로써 글로벌 수요를 구조적으로 취약하게 만들기 때문이다.

경제력의 다원화에 조응하는 국제통화시스템 개혁

　　　　　　　　　글로벌 불균형은 여러 의미를 함축
하고 있다. 첫째 글로벌 불균형은 기본적으로 경제력 다원화의 산물
이라는 점이다. 2차 세계대전 직후만 하더라도 미국은 세계 GDP의
약 50%를 차지[050]하였다. 미국의 절대적 경제력에 기초해 달러가 기
축통화의 지위를 확보할 수 있었던 배경이다. 게다가 세계 생산량의
절반을 차지할 정도의 제조업 경쟁력으로 1970년까지 미국은 무역
수지에서 흑자를 유지할 수 있었다.

　그러나 공업화 확산 후발국들의 기술 추격으로 미국의 GDP는 1960
년에 약 40%, 1995년에 약 25% 그리고 최근에는 20~22%까지 축소
되었다.[051] 1971년부터 무역수지도 적자로 전환되었고 2005~06년에
는 상품수지 적자만 해도 GDP의 6%까지 증가하였다. 앞에서 보았듯
이 해외로 유출된 달러가 급증하면서 특히 2000년대 이후부터 미국
연준의 통화정책 효과는 약화되기 시작하였다.

　둘째, 글로벌 불균형은 경제력의 다원(극)화 대 중심 통화에 기초한
국제통화시스템의 비대칭성 산물이다. 특정 국가의 통화를 대외결제통
화로 사용하는 국제통화시스템은 특정 국가의 절대적 경제력, 즉 세계
경제의 중심적 역할에 기반한다.

　〈그림 15〉에서 보듯이 과거에는 중심국(미국)의 경제정책이나 경제
상황 등이 주변국의 경제에 미치는 효과는 존재했으나 주변국의 경제
정책이나 경제 상황 등은 중심국에 영향을 미치지 못했다. 그러나 경

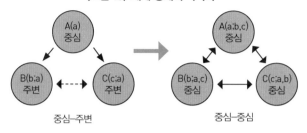

〈그림 15〉 세계 경제의 다극화

출처 : 최배근, 『탈공업화와 무형재 경제 그리고 협력의 경제학』, 집문당, 2015, 그림 2-10.

제력의 다원(多元)화로 세계 경제는 다중심(多中心) 구조로 바뀌었고 그 결과 상호 영향 및 의존이 일반화되었다. 즉 세계 경제에서 미국 경제력의 상대적 약화[052]로 미국 역시 외부로부터 영향을 받게 된 것이다.

이처럼 경제력은 다원화된 반면, 국제통화시스템은 여전히 특정 국가 통화(달러)를 중심(결제) 통화로 사용함으로써 미국을 제외한 국가들, 특히 신흥시장국으로 하여금 달러의 경쟁적 확보를 추구하게 하였다.[27] 그 결과 달러의 대외 유출이 증가할수록 미국 연준의 통화정책 효과는 약화될 수밖에 없었다.

사실, 글로벌 불균형은 경상수지(와 무역수지) 흑자국의 문제라기보다는 대규모 적자국인 미국의 문제다. 미국의 경상수지 적자는 투자가 저축을 초과하는 과소 저축 혹은 과잉 소비이듯이 미국인들이 자신의 소득에 비해 과소비를 한 결과다. 그리고 과소비는 부채에 기초한 것이고, 근본적으로는 소득 불평등에서 비롯한 것이다. 그러나 미국은

---

27 신흥시장국의 외환보유액 규모는 미국 GDP 대비 1990년대 초까지만 해도 5%도 되지 않았으나 2013년에는 48%를 넘어섰다. 2014년 이후 하락하였지만 2016년 기준 여전히 40%를 차지하고 있다(그림 16).

자신의 문제를 외국(미국에 대한 무역수지 흑자국)에 돌리고 있다. 다시 말해 미국은 통화정책의 독립성 약화를 경제주권의 침식으로 받아들이기에 주요 교역들에 무역수지, 특히 상품수지 흑자 축소를 요구하고 있다.[28] 기본적으로 미국의 상품수지 적자는 제조업 기술 격차의 축소와 미국 제조업의 가격경쟁력 약화 등에 따른 구조적 문제다.

미국은 상품수지 적자를 대폭 축소시키기 위해 모든 수단을 동원하고 있지만, 신흥시장국 등 대외결제통화를 갖지 못한 국가들 역시 경상수지 흑자 기조 유지와 달러의 안정적 확보는 포기할 수 없는 사안이다. 미국을 제외한 국가들이 경상수지 흑자나 외환보유액을 충분히 확보할 수 없고, 미국이 '달러 유동성 스왑 창구'도 개설해주지 못하면 나머지 선택은 자본시장 및 외환시장 통제밖에 없다.

〈그림 16〉은 신흥시장국의 경우 외환시장 통제와 외환보유액 확보 중 선택의 강요를 받고 있음을 보여준다. 〈대안 3〉에서 소개한 자본통제의 경우 선진국도 반대할 명분은 없다. 자신의 통화정책이 신흥시장국의 금융 불균형 등 금융시스템에 대한 부정적 영향은 물론이고, 환율에 영향을 미칠 의도를 갖지 않은 순전히 자국의 경제 문제를 해결하기 위한 수단이라고 주장하기 때문이다. 그러나 자본통제가 월가의 이해에 반한다는 점에서 미국이 수용할지는 의문이다.

또한 자본통제가 현실적으로 가능할지도 의문이다. 해외에 진출한 기업들이 현지에서 조달하는 자금 비중이 증가하는 상황이기 때문이

---

28 반면, 미국은 서비스 수지 및 해외투자 수지에서 흑자를 실현하고 있다.

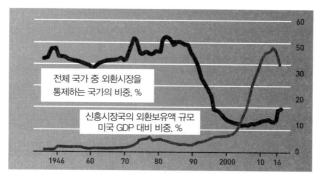

〈그림 16〉 자유로운 자본이동의 비용

전체 국가 중 외환시장을
통제하는 국가의 비중, %

신흥시장국의 외환보유액 규모
미국 GDP 대비 비중, %

출처 : IMF, Bureau of Economic Analysis; Economist, "Donald Trump and the
dollar standard: A pillar of global financial stability is under threat,"
Feb 9th 2017에서 재인용. https://www.economist.com/finance-and-
economics/2017/02/09/donald-trump-and-the-dollar-standard
posted upon June 20, 2018.

다. 이와 관련하여 금융위기 이후 금융안정 리스크에 대한 관리의 중
요성이 글로벌 차원에서 증대하고 있다. 즉 지금까지 금융안정 리스크
는 위험 노출을 파악하기 위해 거주자 기준으로 한 나라 경제의 종합재
무제표인 국민계정 체계(the System of National Accounts, SNA)에 의해 관리
되어 왔다. 그런데 해외 진출 은행의 외화 대출이나 기업의 해외 현지
법인이 해외에서 조달한 자금은 본사의 자금 운용에 영향을 미치기에
위험 노출을 제대로 평가하기 위해서는 거주자 기반의 국민계정 체계
를 국적 기반의 국민계정 체계로 보완할 필요성이 있다.

예를 들어 은행 거래에 대한 정보는 지역은행 통계(Local Bank Statistics,
LBS)와 연결은행 통계(Consolidated Bank Statistics, CBS)를 결합시켜야 한
다.[053] 지역은행 통계는 은행의 사업지가 있는 은행이 거래 정보를 보
고하는 통계, 즉 거주지 기준의 통계로 국제수지 기준과 일치한다. 그

런데 사업지 은행의 거주지 기준 정보와 사업지 은행의 본사에 대한 사법권을 가진 국적 기준 정보 사이에 문제가 발생할 수 있다. 예를 들어 일본에 있는 일본 은행들의 해외 대출은 거주지 기준으로 국경 간 청구권(cross-border claims)으로 잡히는 반면, 해외에서 영업하는 일본 은행들의 대출은 국적 기준으로 국경 간 청구권에 해당한다. 그 결과 거주지와 국적 기준에 의한 지역은행 통계(LBS)는 자산 상태(포지션)가 연결되지 않는다. 즉 일본에 있는 은행들의 일본 밖 거주자에게 이뤄진 대출은 국경 간 청구권이고, 국제 청구권(international claims)은 국경 간 청구권과 지역은행이 지역 통화 이외의 해외 통화로 이루어진 청구권(claims)의 합으로 구성된다.[29] 즉 지역은행 통계로부터 국경 간 청구권(국제수지 기준으로 거주자와 비거주자 간 청구권)과 연결은행 통계로부터 국제 청구권을 결합시켜야 한다. 이처럼 글로벌 차원에서 통합된 수준의 위험 노출 파악이 필요해진 것이다. 그런데 이 문제를 해결하기 위해서는 부문별 및 국적에 의해 경제 단위를 분류해야 한다. 이를 위해서는 강력한 국제협력이 요구되고, 다양한 경제 영토에서 거주하는 기업 집단 수준에서 정보를 종합할 필요, 즉 다국적기업 활동들에 대한 자료 파악이 필요하다.[054]

또 다른 선택은 환율제도, 즉 국제통화시스템의 개혁이다. 예를 들어, 국제협력을 전제로 다원환율제 도입을 검토할 수 있다. 이와 관련

---

29 예를 들어, 한국에 대한 일본 은행들의 국제 청구권은 한국 밖에 있는 일본 은행들의 한국(일본 밖 비거주자)에 대한 국경 간 청구권과 일본 밖(한국 포함) 일본 은행들이 원화(해당국 통화) 이외의 외화로 이루어진 지역 대출의 합으로 구성한다.

하여 유엔이 제의한 국제 공조를 통한 '다원환율제' 구축을 주목할 필요가 있다. 유엔무역개발회의(UNCTAD)는 「세계경제 위기 : 구조적 실패와 다원 요법」이라는 보고서에서 달러, 유로, 위안[055] 등을 비롯한 몇몇 기축통화를 연계시키고, 이를 각국의 인플레이션에 연동시키는 '중심환율'을 만든 후 여기에 다른 나라들을 개별 혹은 그룹으로 고정시키는 '다원환율제'를 구축하자는 제안을 하였다.[056] 그리고 이 시스템에 참여하는 각국이 외환시장에 공조하고 직접 개입함으로써 지금과 같은 통화위기가 재발되는 것을 막자고 주장했다.

물론, 이를 위해서는 다원환율제를 관리할 권한을 가진 국제통화 당국이 필요하다. 예를 들어 회원국의 명목환율에 대한 강제 조정을 포함해 실질환율의 안정적 유지 책임을 떠맡을 수 있도록, 즉 다원환율제가 효율적으로 기능하도록 국제통화 당국에 권한이 부여되어야 한다. 여기에 연대를 강화하는 차원에서 기축통화 간 통화 스왑 및 지역의 기축통화와 중심환율체에 참여하는 비기축통화 간 통화 스왑이 이루어질 필요가 있다. 다원환율제는 국제 공조 및 협력이 관건이다.[057]

〈이슈 5〉에서 살펴본 글로벌 불균형의 근본 원인은 달러라는 특정국의 통화를 세계 중심통화로 사용하는 국제통화시스템, 즉 달러본위제에 있다. 2차 세계대전 이후 미국 주도로 만든 국제통화시스템은 변형된 금본위제, 즉 금태환을 전제로 대외결제통화로 달러의 사용, 그 결과인 고정환율제, 그리고 통화정책의 독립성을 확보하기 위한 자본이동 통제를 핵심 특징으로 한다.

먼저 금본위제는 2차 세계대전 이전에도 지속적으로 많은 나라들이 선호한 통화제도였는데, 그 이유는 특정 국가의(법정) 지폐가 갖는 가치 불안정성이 상존하기 때문이다. 그러나 금본위제는 기본적으로 지폐 가치의 안정성이 전제가 되어야 하기에 인플레이션을 차단시켜야만 한다. 금본위제가 붕괴된 이유도 1차 세계대전 중 전쟁 비용 조달에 따른 인플레이션이나 1차 세계대전 이후 패전국(예:독일)에서의 초인플레이션 등 때문이었다.

1925년 4월 영국을 중심으로 금본위제로 복귀 역시 자유로운 자본이동 속에 고정환율제를 도입한 것이기에 통화정책의 자율성 확보는 기본적으로 어려웠다. 이론적으로 통화확장 정책은 금리 하락, 자본 유출, 자국의 통화가치 하락으로 이어지기에 고정환율제를 유지하기 위해서 중앙은행은 해외로 유출되는 통화를 매각하여 자국의 통화가치 하락을 차단함으로써 환율을 안정시킬 수밖에 없다.

그러나 해외로 유출되는 통화를 매각하는 대신 시중에 유통되고 있는 자국의 통화는 중앙은행으로 회수되기에 금리는 다시 상승하여 확장적 통화정책은 효과를 보기 어렵다. 게다가 영국은 대영제국의 자존심을 지키고 금융자본의 이해를 반영하여 파운드화의 가치를 높게 설정함으로써 수출경쟁력에 불리하게 작용했다. 뿐만 아니라 파운드화 가치를 높게 유지하기 위해 통화긴축을 수행할 수밖에 없었다. 이는 금리 인상과 더불어 실물 경기 둔화에 영향을 미쳤고 여기에 미국발 대공황은 영국 경제를 침체로 내몰았다.

2차 세계대전이 끝나기 1년 전부터 준비한 전후 국제통화시스템은 금본위제와 고정환율제를 복원하였지만, 실업이나 경기 침체 등 주요 문제를 해결하기 위해서는 통화정책 독립성의 확보가 필요했다. 그러나 1920년대 금본위제 운영에서 경험했듯이 자본의 자유로운 이동은 통제할 수밖에 없게 된다. 기본적으로 금 역할을 대신하는 달러 가치의 안정성(금 1온스=35달러)을 위한 국제통화제도였던 브레튼우즈 체제[30]는 달러 가치의 안정성을 위해 대내적으로는 인플레이션 차단, 그리고 대외적으로는 무역수지 적자 차단을 전제로 한 국제통화 체제였다.

그런데 조기에 끝날 줄 알았던 베트남 전쟁이 장기화되고, 린든 존슨의 '위대한 사회' 건설(사회복지 혁신 플랜) 등에 따라 재정 압력이 증대하고 인플레 과정(대내적 달러 가치 하락)이 시작되었다. 여기에 미국 민간자본의 해외 유출이나 미국과 일본·서유럽 간 제조업 경쟁력 격차 축소에 따른

---

30 1944년 7월 미국의 브레튼우즈에서 1930년 이래 각국 통화가치 불인정, 평가절하 경쟁, 무역기래 제한 등을 시정하여 국제무역의 확대, 고용 및 실질소득의 증대, 환율 안정, 국제수지 균형 등을 달성할 것을 목적으로 고정환율제, 통화정책 독립성, 자본이동에 대한 통제 등을 주요 내용으로 체결된 브레튼우즈 협정에 의하여 발족한 국제통화 체제를 말한다.

미국의 무역적자 등으로 달러 가치의 하락 압력이 지속적으로 증가했다.

금 가격의 급등을 막기 위한 주요국 중앙은행 간 공조(중앙은행의 금 매각), 이른바 '골드풀' 제도[31]의 도입도 달러 가치의 하락 및 금태환(달러를 제시하며 금과 교환을 요구했을 때 해당국 중앙은행은 화폐와 교환으로 금을 제공하는 것) 압력의 증대를 막는 데 역부족이었다. 이밖에도 민간자본의 유출을 방지하기 위한 미국 내 이자율과 외국 이자율과의 격차 때문에 일어나는 달러의 유출을 규제하기 위해 이자 차이에 대해 과세하는 이자율 평형세((Interest Equalization Tax, 1964.9~1974.3) 도입, 그리고 미국의 단기 금리를 끌어올리기 위해 연준이 보유한 단기 증권을 매도하여 장기 증권을 매입한 '오퍼레이션 트위스트(operation twist)'[32]나 은행 예금이자율의 한도 인상[33] 등을 추진했다.

그러나 1970년 이전에 이미 해외에 대해 미국이 지급할 의무가 있는 금 규모가 세계 전체 금 규모를 초과함으로써 금태환 제도는 물리적으로 유지가 불가능해졌다. 즉 미국 헤게모니 유지의 비용 증가와 산업화 확산에 따른 미국 제조업의 경쟁력 약화 등으로 달러 가치의 안정

---

31 골드풀 제도를 위한 국제 공조가 가능했던 것은 달러와 각국 통화 가치를 고정시켰던 상황에서 달러 가치의 하락은 엔화나 마르크화 등의 가치 상승을 의미했고, 그 결과 수출경쟁력에 부정적으로 작용하는 것을 우려한 결과였다.

32 오퍼레이션은 중앙은행의 대표적 통화정책 수단인 공개시장 조작(open market operation)을 의미하는 것으로 정상적인 공개시장 조작은 시장의 장기 금리에 영향을 미치는 장기 증권 매매보다 단기 증권 매매에 초점을 맞춘다.

33 '1980년 예금금융기관 규제 완화 및 통화 관리법(The Depository Institutions Deregulation and Monetary Control Act of 1980, 일명 '신금융법')'에 의해 예금은행 이자율 상한(Regulation Q)이 폐지되기 전까지 미국의 예금은행 이자율은 연방준비법 19조에 따라 최고 한도가 설정되었다.

성 확보가 어렵게 되었다는 점에서 브레튼우즈 체제의 종언은 경제력 다원화의 결과였던 것이다.

마침내 미국이 무역수지 적자국으로 전환된 1971년 8월 15일 금태환 정지를 선언하자 금 가격은 급등했고, 엔화 및 마르크화 등이 강세를 보이며 외환시장은 극도로 불안정해졌다. 결국 고정환율제는 변동환율제로 대체되었다. 달러 가치의 하락은 1차 석유파동에서 보았듯이 상품 가격의 급등과 그에 따른 인플레 급등을 초래했고, 인플레 급등은 금리 상승과 주가 및 채권 가격 변동성의 급증을 수반하였다. 금리, 주가, 채권가격 등 기초금융상품 가격의 변동성 증대에 따른 손실을 방지하기 위해 만들어진 파생금융상품 시장이 1972년부터 등장한 배경이다. 즉 자유로운 자본이동의 수용을 의미하는 변동환율제를 도입하고 자본시장에서 경쟁력을 가진 미국은 변화된 환경에 부합하도록 국내 금융시장을 정비하고, 1974년에 국내 자본통제를 철폐(이자율 평형세 폐지)하고 1976년에는 IMF가 자유로운 자본이동을 지지하는 방향으로 협정 조항을 수정하였다.

브레튼우즈 체제의 붕괴는 자연스럽게 금본위제 폐지로 이어졌다. 즉 자유로운 자본이동도 현실적으로 불가피해진 데다가 금융자원의 효율적 배분이라는 이론적 명분이 더해져 수용되었다. 금 가치에 고정시켰던 달러 가치의 변동성이 증대한 결과 고정환율제는 변동환율제로 대체될 수밖에 없었고 통화정책의 독립성 확보도 가능해졌다. 달러의 안정적 확보가 가능한 미국 입장에서는 고성환율제 유시보나 물가와 고용안정성 달성이 더 중요했기 때문이고, 이를 위해 통화정책의 독립성이 중요했던 것이다.

게다가 밀턴 프리드먼 같은 시장주의자들은 통화가치가 시장에서 결정될 경우 달러 가치는 점진적 조정이 이루어질 뿐 아니라 합리적인 정책이 수반된다면 기존 우려와 달리 시장 균형가격으로부터 너무 이탈하지 않게 될 것이라며 변동환율제 채택을 합리화시켰다. 물론, 현실적으로 환율은 프리드먼의 예상보다 매우 변동적임을 보여주었고,[058] 은행위기 및 외환위기 빈도는 크게 증가하였다. 이에 대해 시장주의자들은 경제 기초체력 문제나 불합리한 정책 탓으로 돌리곤 하였다. 문제는 세계 중심 통화인 달러 가치의 변동성이 크게 증가한 것도 미국 기초체력 문제나 불합리한 정책 탓이라면 그런 나라의 통화를 중심 통화로 계속 사용해야 하는가에 대해서는 침묵을 지켰다는 점이다.

그러나 특정 국가의 통화를 기축통화로 사용(예:달러본위제)하기 위해서는 근본적으로 기축통화국이 경상수지의 대규모 적자를 피할 수 있을 때 가능하다. 즉 달러의 대규모 해외 순유출이 없어야 한다. 그래야만 기축통화국은 통화정책의 독립성을 확보할 수 있기 때문이다. 달러본위제는 기본적으로 미국 제조업의 절대적 경쟁력을 전제로 한다.

반면 변동환율제 도입과 자본이동의 자유화로 환율 변동성과 외환위기 가능성이 증대하면 미국 외 나라들은 보험장치로 달러 확보에 치중하고, 이는 경상수지 흑자와 외환보유고 축적을 통해 가능하다. 무엇보다 산업화의 확산 및 제조업의 기술 격차 축소 등 경제력의 다원화로 미국의 경상수지 적자가 지속적으로 증가하는 상황에서 미국 통화정책의 독립성은 확보되기 어렵다.

미국이 1990년대 후반부터 장단기 금리 역전 현상을 반복적으로 경험했던 이유도 경상수지 적자의 급증에서 비롯한 것이다(그림 17). 앞에서 설명했듯이 해외로 유출된 달러가 미국 월가로 재유입되어 장기 증권에 투자되면서 장기 금리를 하락시키는 요인으로 작용한 것이다. 이처럼 경제력의 다원화[34]와 특정 국가 통화 중심의 국제통화시스템 간 비대칭성은 지속이 불가능하다는 점에서 국제통화시스템 개혁은 더 이상 미룰 수 없는 과제인 것이다.

〈그림 17〉 글로벌 경상수지 불균형(글로벌 GDP 대비 %)

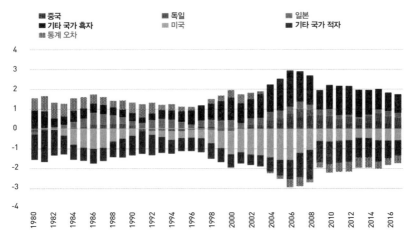

출처 : Macroeconomic and Foreign Exchange Policies of Major Trading Partners of the United States, Report to Congress, U.S. Department of the Treasury Office of International Affairs, April 2018.

---

34 전 세계 GDP에서 주요 7개국(G7)이 차지하는 비중은 1995년만 해도 절반에 가까운 45%였지만 최근 31%로 줄었다. 2050년에는 5분의 1(20%)까지 축소될 것으로 전망된다. 반대로 중국을 포함한 신흥국가들의 GDP는 1995년 22%에 불과했으나 2015년 36.3%까지 증가했고, 2050년에는 50%가 될 것으로 예상된다.

통화정책의 독립성 문제든 글로벌 불균형 문제든 달러본위제에 기초한 국제통화시스템은 더 이상 지속이 불가능한 상태에 이르고 있다. 달러본위제를 대체하는 새로운 기축통화제는 더 이상 의미가 없다. 달러본위제의 결과를 보듯이 '경제력의 다원화' 및 '경제의 네트워크화'에 따라 특정 국가의 통화를 기축통화로 만드는 것은 효과를 보기 어렵기 때문이다.

다원환율제는 단기적으로 현실적 처방이 될 수 있지만 초국가 협력을 전제로 한다. 초국가 협력을 만들어내기 위해서는 글로벌화와 국민국가 주권, 그리고 정치적 민주주의 모두를 동시에 이룰 수 없는 '글로벌 거버넌스의 트릴레마'를 해결해야만 한다. 즉 초국가 협력의 필요성이 구조적으로 증대한 반면, 현실에 있어서 초국가 협력의 리더십은 매우 빈곤하다. 그 이유는 국민국가를 넘어 초국가 단위에서 발생하는 '집단행동의 딜레마'[35]에 대한 해법이 부재하고, 이는 기본적으로 경제학을 포함해 사회과학의 분석틀이 '국민국가의 함정'과 '국민경제의 함정'에 빠져 있기 때문이다.

지금까지 인류는 정치와 경제 운영 단위를 '국민국가'와 '국민경제'

---

35 집단이 공통의 이해관계가 걸려 있는 문제를 구성원들 간 협력이 되지 않아 스스로의 노력으로 해결하지 못하는 상황이다. 그런데 국민국가 내에서 발생하는 집단행동의 딜레마에 대한 해법은 마련된 상황이다. 예를 들어, 집단 전체를 위한 공공재 생산과 공급을 위해 스스로 시간-노력-비용 등을 투입하지 않으려고 하는 일부 구성원들의 무임승차 성향을 통제하기 위해 정부가 직접 개입하거나 규제를 한다. 또한, 사회 구성원들이 공동의 문제를 해결하는 데 적극적으로 참여할 수 있게 사회적 조건을 마련할 수 있다. 즉 공동의 목표나 이익을 추구하기 위해 투명성을 높여 신뢰를 높이고 협력하도록 시민적 참여의 네트워크를 확장시킨다.

로 삼아왔고 경쟁을 핵심 원칙으로 상정하고 있다. 예를 들어 주요 국가들의 국제 전략 및 외교는 자국의 이익 극대화를 전제로 다른 나라를 이겨야 한다는 사고가 지배하고, 가능하다면 패권을 차지해야 하는 승자 독식의 투쟁관에 기초하고 있다. 이러한 근대 이념과 양식 등은 서구 역사 및 문화와 깊은 관련이 있다. 절대주의 국가에서 근대 민족국가로의 이행 과정은 '국민 형성'이라는 중간 단계가 필요하였다. 그런데 국민이 되려면 국민적 정체성이 필요했고, 이것이 민족주의 탄생의 배경이자 민족이 근대의 산물인 이유다.

이처럼 일정한 영토와 그곳에 사는 국민으로 구성된 독립된 정치조직으로서의 민족국가(국민국가)는 근대 유럽의 고안된 질서이고, 민족국가가 유럽에서 가장 먼저 태동했다는 점에서 민족주의는 유럽 문화권의 발명품이다. 즉 산업화와 국가 간 교섭의 확대가 특징인 근대사에서 민족과 민족국가는 내적인 '근대화'와 외적인 '국가 간 경쟁'의 주체였고, 민족이 역사의 기본단위라는 '민족주의'는 민족과 민족국가를 이끌고 가는 기관차 역할을 수행하였다.

이것이 유럽에서 19세기 말~20세기 초 민족의 주요 판단 기준이 종족과 언어가 되면서 민족주의와 인종주의가 결합된 배경이고, 자기 민족 우월주의에 기초한 민족주의가 자국의 정치적·경제적 지배권을 다른 민족·국가의 영토로 확대시키려는 국가의 충동이나 정책인 제국주의로 발전하는 경향성을 낳은 배경이다.

유럽에서 민족주의와 유럽을 통합하려는 움직임이 민족국가의 태동과 동시에 진행된 이유도 민족주의 경쟁의 비극적 결과물인 제국주의

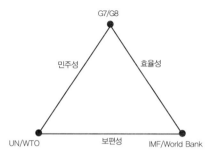

〈그림 18〉 글로벌 거버넌스의 트릴레마

출처 : M. Kawai, P. A. Petri, and E. Sisli—Ciamarra, "Asia in Global Governance: A Case for Decentralized Institutions," ADBI Working Paper Series No. 157 (October 2009), p. 13, Fg. 4.

와 전쟁의 참화를 막아야 했기 때문이다. 유럽 통합은 유럽인에게 평화를 보장하는 해법이었고, 통화동맹(유로존)은 통합의 출발점이었던 것이다. 이런 점에서 불완전한 통합의 산물인 유로존 위기의 해결도 통합의 완성과 민족 정체성의 결합을 해결하는 문제인 것이다.

이처럼 국제 협력이 '글로벌 공공재'가 되었음에도 초국가 단위에서 집단행동의 딜레마 문제를 겪고 있는 것은 '국민국가의 함정' 및 '국민경제의 함정'에서 벗어나지 못하고 있기 때문이다. 즉 세계적 규모의 문제들에서 민주성, 효율성, 보편성 세 가지 통치 원칙의 동시 달성이 불가능한 이른바 '글로벌 거버넌스의 트릴레마'의 문제다(그림 18).

국제 협력이 인류 세계에 더 이상 선택의 문제가 아니라 필수라는 계기를 만들어준 글로벌 금융위기의 산물인 G20 정상회의가 글로벌 거버넌스 3대 원칙의 조화 측면에서 진전이 있었던 배경이다. 이를테면 앞에서 지적했듯이 경제적 측면에서 G7보다 보편성을 확대했고,

WTO보다는 효율성이 강화됐고, IMF보다는 민주성을 강화했기 때문이다. 실제로 G20 정상회의는 초기에 경기부양을 위한 국제 공조, 금융개혁 등에서 의미 있는 성과를 거두었다.

그러나 금융위기의 충격에서 벗어나 경기가 회복되면서 국가 간 이해 차이가 노출됐는데, 특히 5차 서울 정상회의에서 '글로벌 불균형'의 해법을 둘러싸고 견해 차이가 극명하게 노출됐다. 그 이후에도 G20 정상회의는 국제 협력이 필요한 분야에서 생산적 성과를 만들어내지 못할 정도로 초국가 협력의 빈곤을 드러냈다.

이처럼 초국가 협력이 작동하지 않는 한 국제 사회는 '집단행동의 딜레마'에서 벗어날 수 없음을 보여준다. 예를 들어 그리스나 이탈리아 등에서 경제 부진이 지속되고 있듯이 개별 회원국의 책임 강화 중심으로 진행되는 유로존 위기의 재발 방지책이 성과를 거두지 못하면서 극우정당이 득세하고 채권국들에서 요구하는 긴축이 거부되고, 심지어 유럽연합 탈퇴의 목소리가 증가하고 있는 것이다. 즉 공동 운명체에게 요구되는 연대성 결여의 결과 유럽연합(EU)의 분열과 해체 등 파편화라는 원심력이 증대하고 있는 것이다.

이처럼 기축통화에 기초한 국제통화시스템을 개혁하기 위해서는 글로벌 거버넌스의 트릴레마를 해결해야만 한다. 그리고 이는 국민국가 및 국민경제의 패권적 사고법의 해체를 의미하며, 새로운 민주주의에 기초한 국제관계를 요구한다. 개별 국가의 자율성과 국제사회 구성원으로서 책임성이 결합되어야만 초국가 단위에서 집단행동의 딜레마 문제는 해결될 수 있다.

다원환율제나 유로존 위기 등도 개별 국가의 자율성과 책임성에 기초한 국제 협력을 전제로 해결될 수 있다.[36] '통화정책의 전염' 문제도 마찬가지다. 즉 주요 선진국 중앙은행들은 자신들의 통화정책이 신흥시장국 등 글로벌 경제의 나머지 부분에 미치는 영향을 내부화시킬 필요가 있다. 즉 선진국 통화정책의 결정 요인에 고려할 필요가 있는데 선진국 중앙은행 통화정책의 국제조정이 비현실적인 한 신흥국의 안전자산(대외결제통화) 수요와 주요 선진국에 의한 안전자산 공급 간 긴장은 계속될 수밖에 없다.

이를 부분적으로 해결할 수 있는 협력으로 IMF는 선진국 중앙은행과 신흥국 중앙은행 간 통화 스왑의 필요성을 주장한다.[059] 그러나 통화 스왑은 선진국 통화의 유출이라는 점에서 선진국이 기피할 가능성이 높다. 따라서 통화 스왑의 규모를 최소화시키기 위해서는 주요 선진국은 통화정책을 수립할 때 신흥시장국에 미치는 영향도 고려하는 노력이 필요하다.

---

36 예를 들어, 그리스 경제가 자생력을 회복할 수 있도록 채무 탕감을 충분히 해주면서 재정 건전성 조치를 요구하고, 다시 이를 위반할 경우 그리스 재정 운용의 독립성을 제약하는 조건을 결합시키는 것이다.

글로벌 금융위기의 주된 요인 중 하나로 지목된 것이 신용의 경기순응성 문제이다. 기존의 경제이론에서 통화 공급은 외생변수로 취급된다. 즉 중앙은행이 본원 통화의 규모를 정하고, 이로부터 단기적으로 안정적이라고 보는 현금통화 비율과 중앙은행이 결정하는 지급준비율에 의해 결정되는 통화 승수 효과에 의해 통화 공급 규모가 정책적으로 결정된다고 설명한다. 경제학 교과서에서 화폐 공급 곡선이 수직선으로 표현되는 이유다.

그러나 현대 경제에서 상업은행(시중은행)의 대출 채권이 증권화(화폐화) 과정을 통해 새로운 신용을 창출하듯이 통화량은 중앙은행이 통제하는 공식통화(outside money)와 더불어 시중은행이 시장으로부터 만들어내는 민간통화(inside money)가 추가된다. 즉 앞에서 지적했듯이 중앙은행이 통제하던 이른바 외생적 금융을 넘어 시장이 만들어내는 '내생적 금융(endogenous finance)'이 성장하였다.

실제로 최근 전체 통화량에서 중앙은행이 공급하는 통화의 비중이 대부분 하락해오고 있다. 예를 들어, 현금 없는 사회를 지향하는 스웨덴의 경우 총 유동성(M3)에서 중앙은행이 공급하는 본원 통화의 비중은 2000년대 초 7%에서 2016년 2%로 하락하였다. 또한 총 통화량(M2)에서 중앙은행이 공급하는 통화의 비중은 2003년 이후 중국에서 5%포인트, 인도에서 7%포인트, 유로존에서 3%포인트 하락하여 중국과 유로존에서는 5% 미만에 불과하고, 인도에서도 약 10%에 불

과하다.[060]

내생적 금융의 발달로 신용 증가량 및 증가 속도는 경기 상황과 같은 방향으로 움직인다. 예를 들어, 경기 상승기에 자산가격의 상승과 대출 조건의 완화, 그리고 위험 감수의 대가로 지불해야 하는 보상인 리스크 프리미엄의 과소평가에 따른 위험 선호도 증가 등으로 금융회사들은 신용 공급을 확대하는 경향이 있다. 즉 경기 상승기에는 차주의 부도 위험과 부도시 손실이 낮게 평가되어 자산의 리스크에 따라 요구하는 필요 자본이 감소하여 대출이 더 크게 증가할 수 있다.

그 결과 실물 경기는 더욱 확장될 수 있고, 경기 확장은 다시 신용의 과잉 팽창으로 이어지며 금융과 실물이 상호작용하는 긍정적 피드백 루프 현상을 만들어낸다. 경기 확장(input)이 신용 팽창(output)을 만들어 내고, 신용 팽창은 새로운 투입요소(input)로 작용하여 경기를 더욱 확장(output)시키기 때문이다. 반대로 경기 하강기에는 실물활동 위축, 자산가치 하락, 위험 회피 성향으로 은행 대출이 급감하면서 다시 실물 경기를 위축시키고, 경기의 추가 위축은 신용의 추가 축소라는 부정적 피드백 루프가 형성된다. 즉 경기 사이클이 금융 사이클과 연관성을 갖게 된 것이다.

이처럼 신용의 경기순응성은 경기 확장기에 금리가 더디게 상승함을 의미한다. 이는 통화 공급량이 통화 수요량처럼 소득에 영향을 받고, 소득이 증가할 경우 (통화 공급량이 소득에 의해 영향을 받지 않는다고 가정한 경우에 비해) 금리 상승 압력이 감소함을 의미한다. 반대로 소득이 감소할 경우 통화 수요 감소에 의한 금리 하락의 정도가 통화 공급 감소의 힘만큼 금리 하락폭을 둔화시킨다. 그 결과 금리의 경기 자동조절 기능이 약화된다. 본래 경기가 좋아질수록 자금 수요 증가로 금리는 빠르게 상승하고, 금리 상승폭이 클수록 가계 소비지출이나 기업 투자지출을 억제하여 경기 과열을 억제한다.

그런데 신용의 경기순응성은 경기 확장기에 금리 상승폭을 약화시킴으로써 경기를 과열시키는 등 실물 부문의 불균형을 키운다. 반대로 경기가 나빠질 경우 자금 수요 감소로 금리가 빠르게 하락함으로써 경기 후퇴를 억제한다. 즉 경기 후퇴기에 신용의 경기순응성이 금리 하락폭을 심화시킴으로써 경기를 더욱 냉각시킨다.

내생적 금융의 성장에 따른 중앙은행의 통화 공급 독점력의 약화 결과, 경기 상승기에는 경기를 과열시키고 경기 후퇴기에는 경기를 냉각시킬 수 있기에 경기순응성을 고려하지 않은 경기 판단은 오류를 범할 수 있다. 게다가 저금리 기조의 지속은 리스크(수익) 추구(risk-taking or search for yield)를 지속시키고 레버리지를 증대시킴으로써 자산가격을 과도하게 상승시키는 등 금융 불균형을 증대시킨다.

금융위기 이후 일부에서 금융 불균형과 금융 불안정성을 예방하거나 완화시키기 위해, 다시 말해 은행의 과도한 리스크 추구를 예방하기 위해 중앙은행이 신용 팽창을 억제하는 '대세 거스르기(lean against the wind)' 방식(통화정책)을 수행해야 한다고 주장한 배경이다. 그러나 중앙은행들이 자산가격 급등을 제어하기 위해 금리를 인상하는 '거품 제거자(bubble fighter)' 역할을 반대하는 이유는 이론적으로 자산가격 인플레이션(거품)을 인정할 수 없고 게다가 하나의 수단 즉 금리로 물가안정,

금융안정 등 복수의 목표 추구가 어렵기 때문이다.

현실적으로도 경기와 자산시장 등에 대한 낙관주의는 신용을 팽창시키고, 신용 팽창은 다시 경기 확장과 자산가격 상승을 강화시키며 낙관주의를 확산시키는 '자기 강화 사이클(self-reinforcing cycle)'이 작동하면 일반적인 속도의 이자율 인상으로는 레버리지와 신용증가율을 억제할 수 없기 때문이다. 예를 들어 수천만 원 이상씩 주택가격이 급등할 경우 금리 인상에 따른 수백만 원의 대출 이자 증가는 큰 부담이 되지 않는다. 따라서 금리 조절 이외의 별도 추가 수단을 도입할 필요가 있다. 금융위기의 교훈을 바탕으로 국제결제은행(BIS) 산하 바젤은행감독위원회(Basel Committee on Banking Supervision, BCBS)가 2010년 12월 '바젤Ⅲ 규정'에서 경기순응성 완화 및 경기 대응 완충자본(countercyclical buffer)[37] 등을 확대한 배경이다. 예를 들어 위험가중자산 대비 경기 대응 완충자본의 비율을 2015년 0%에서 시작해 매년 0.625%포인트씩 추가해 2019년까지 2.5%로 끌어올릴 계획이다.

문제는 정부에 의해 보장되지 않은 비공식적 가상화폐 및 비은행 혹은 비공식적 금융기관의 등장 등으로, 특히 가상통화의 등장으로 화폐의 개념이 확대되고 민간화폐의 비중이 확대될 수밖에 없다는 점이다. 이른바 화폐 공급에 대한 국가 독점력의 약화 현상이다. 이는 국가권력의 약화를 의미하는 문제다. 무엇보다 화폐 개념 및 민간 화폐 비중의 확대는 은행 중심의 신용 억제 방식의 한계를 의미한다. 게

---

37 경기가 호황이고 대출이 크게 증가하는 때에 향후 발생 가능한 경기 하락에 대비하기 위해 추가 자본 적립을 요구하는 것으로 혹시 있을지 모르는 위험에 선제적으로 대비하고자 하는 성격이 강하다.

다가 화폐 개념의 확대로 은행의 입지가 좁아질 가능성이 높아지고 그에 따라 은행 중심의 신용 억제는 후퇴할 가능성도 존재한다. 국가와 은행자본이 독점해온 기존의 화폐 시스템에 근본적 문제가 대두되고 있는 것이다.

블록체인과 플랫폼 공유 그리고 대안화폐 시스템

일반인은 물론이고 많은 전문가들조차 현재의 화폐 시스템에 대해 잘못된 이해를 하고 있다. 즉 중앙은행을 가치 및 계급 중립적인 순수한(?) 공공기관으로 이해하고 있다. 우리나라에서 국민에게 신뢰도가 높은 기관을 꼽으라면 한국은행은 최상위에 오를 가능성이 높다. 앞에서 지적했듯이 정부(행정부)가 지출하는 돈이나 지출할 돈의 주요 수입원인 세금 등은 국민을 대신해 국회의 동의를 얻어야 하는 반면, 중앙은행의 막강한 권한인 발권력(통화 발행권)은 기본적으로 국회의 동의조차 받지 않는다.

한국은행의 주요 통화 신용정책에 대한 결정권은 금융통화위원회가 갖고 있다. 그런데 금융통화위원 7인 중 5명은 직·간접적으로 정부(대통령)가 임명권을 행사하는데 나머지 2인은 비록 대통령이 형식상 임명은 하지만 대한상공회의소 회장과 전국은행연합회 회장 등이 추천권을 갖고 있어 기업과 은행자본의 목소리가 반영된다. 노동자나 영세 자영업자, 청년, 농민, 소비자 등의 이해를 반영하는 몫은 없다.

국민이 선출한 대통령이 그 역할을 수행하지 않느냐 반문할지 모르지만 정권(대통령)이 계급 중립적이라고 믿는 사람이 있다면 너무 순진하다. 예를 들어, 미국의 중앙은행인 연준의 주요 통화신용정책을 결정하는 공개시장위원회(FOMC)는 은행자본의 목소리가 크게 반영될 수밖에 없는 구조를 갖고 있다. 연준이 금융위기 이후 도입한 구간 금리가 은행의 초과 법정지급준비금에 대해 은행 간 대출금리보다 높은 상단 구간의 이자를 지급한다는 점에서 월가 은행자본의 구제에 큰 도움이 되었다는 사실이 연준의 성격을 잘 반영하고 있다.[38]

중앙은행의 성격을 이해하기 위해서는 통화 공급에 대한 중앙은행의 독점력 그리고 중앙은행 발권력의 원천인 국가의 화폐 발행 독점력을 위협함에도 내생적 금융이 허용된 배경을 이해할 필요가 있다. 즉 중앙은행은 기본적으로 은행(금융)자본의 이해에 기초하고 있는데 중앙은행의 탄생 과정이 은행자본의 이해와 밀접하게 관련되어 있기 때문이다.

중앙은행의 롤 모델로 알려진 영란은행의 탄생 과정은 중앙은행이 은행자본과 국가권력 간 이해 타협의 결과물임을 잘 보여준다. 경제학 교과서에 중앙은행을 은행의 은행, 정부의 은행으로 위치를 규정한 배경이다. 이는 시중은행과 정부는 중앙은행 기준금리의 이용, 중앙은행으로부터 자금 조달, 필요 시 중앙은행으로부터 유동성 공급 등 중앙은행 발권력의 직접적 혜택을 볼 수 있음을 의미한다.

이 과정을 살펴보기 전에 통화와 화폐의 차이, 그리고 지폐의 유통이 가능했던 배경을 살펴보자. 먼저 통화(Currency)와 화폐(Money)의 차

---

[38] 금융위기 이후 연준의 제로금리는 정확히 0~0.25%였는데 하단부 0%가 은행간 대출 금리(콜금리)이고 상단부 0.25%는 시중은행이 연준에 예치한 초과지불준비금에 적용한 금리였다. 초과지불준비금은 금융위기 이후 급등하여 2014년 9월에는 약 2조 6,774억 달러에 도달했고, 그 후 감소했지만 2018년 5월에도 여전히 약 1조 8,943억 달러에 달하고 있는 이유는 연준 금리가 여전히 구간 금리(2.0~2.25%)를 유지한 것과 무관하지 않다. FRB of St. Louis, Excess Reserves of Depository Institutions. 금융위기 이후 연준의 제로금리가 은행간 대출에 부정적으로 작용하면서 지역 중소기업이나 가계 등에 대한 자금 공급에 부정적으로 작용한 배경이다. 미국 상업 은행들 간 대출액은 2008년 9월 약 4,647억 달러 수준이었으나 2016년 10월 약 594억 달러까지 감소하였고, 2017년 12월까지도 약 640억 달러 수준에 불과하다. FRB of St. Louis, Interbank Loans, All Commercial Banks.

이에 대해 이해할 필요가 있다. '통화'는 단순히 종이(지폐)다. 지폐는 거래자의 시간을 거래하기 위한 하나의 도구다. 통화는 내재하는 가치를 갖지 않고, 그렇기에 가장 커다란 문제는 정부가 원하거나 필요할 때마다 인쇄할 수 있다는 점이다. 그 결과 역사적으로 수천 개의 통화가 있었고, 금과 은으로 보장되지 않는 모든 법정 통화의 가치는 제로가 되어 버렸다.

반면 '화폐'는 가치 저장이 가능하고 장기에 걸쳐 구매력이 유지된다. 은과 금이 매우 적은 공간에 다량의 가치를 저장할 수 있고 지구상에 존재하는 수량이 제한적이라는 자체 속성으로 최적의 화폐 형태이고 지난 5000년 이상 구매력이 유지되는 이유이다. 금과 은은 화폐와 통화의 가장 중요한 차이로 통화가 일관된 가치를 갖지 못하는 점을 설명한다. 즉 통화는 시대와 국가에 따라 가치가 변화하는 물리적 반영물로 사용될 뿐이다. 반면 금과 은은 화폐 역할을 하는 유일한 아이템으로 인류 역사에 걸쳐 고정된 가치를 나타내주고 있다.

다음으로 지폐의 유통이 가능했던 역사적 과정을 살펴보자. 근대국가의 틀이 만들어지기 전까지 유럽 은행들은 은행권을 항상 금화폐로 교환할 수 있는, 100% 지불준비금을 유지해야 하는 완전한 지급준비금 체계였다. 즉 은행의 소득 원천은 예금주가 내는 '위탁관리비(보관비)'였다. 이는 로마법의 전통에 따른 것이었다.

대륙의 로마법 및 시민법 전통 하에서 예금자의 권리는 대물권(對物權, rights in rem=rights against a thing)으로 보관소는 예금을 안전하게 보관하고 요구할 때는 언제든 상환할 의무를 갖고 보관료를 징

수하였다. 반면, 대출의 경우 채권자의 권리는 대인권(對人權, rights in personem=rights against a person)으로 채권자는 특정 기간 동안 채무자에게 법적 재산권을 양도하고 채무자는 원리금을 상환할 의무를 가졌다.

그 결과 로마법 하에서 예금을 대여하여 이윤을 추구하는 행위는 횡령으로 간주되었기에 보관소는 예금의 100%를 보관해야만 했다. 예를 들어, 유럽 대륙은 로마법 전통으로 1609년 네덜란드에 이탈리아의 베네치아은행(Bank of Venice, 1587년 설립)을 본떠 암스테르담 은행(the Bank of Amsterdam)을 설립했는데 이 은행은 150년 이상 100% 지불준비율을 유지하였다. 또한 고리대금업법에 의해 대출 이자는 5~6% 이상을 금지하였다. 하나의 예외로 전쟁 자금 조달이 필요했던 왕정(the Crown)에 대한 장기 투자에는 10% 이상을 허용하였다.

한편 전쟁 시 은행 자금의 몰수를 겪었던 금장은행가들(Goldsmith bankers, 17세기경 금장어음을 발행하던 금세공인들)과 영란은행은 자금을 안전하게 지키기 위해 지폐를 유통했던 반면, 지폐는 금장은행가들의 지급불능과 은행 파산, 금 지급 유예 등으로 종종 신뢰성을 상실하였다.

그렇다면 대중에게 불신 받은 지폐가 어떻게 유통되었을까? 영국 국가가 전쟁 자원을 추출하기 위해 근대 은행을 지원했기 때문에 지폐 유통은 가능하였다. 1688년 명예혁명 이후 영국의 대외정책은 제국주의 추구였고, 이에 대한 주요 장애는 프랑스였다. 명예혁명 후 약 5백만 파운드에 달하는 단기 부채의 축적은 정부 신용 시스템을 위협하였다. 프랑스에 대한 전쟁 자금을 조달하기 위해 의회는 신속한 상환을 요구하지 않는 장기 차입으로 방향을 선회할 필요를 느꼈고, 이에 대해 1693년 런던 시에서 활동하던 일부 기업들은 '영구 대여의 제도화'를 제안하였다.

1694년 왕정은 채권자 집단—Bank of England, the New East India Company, the United East India Company, the South Sea Company—을 법인(BoE)으로 조직하고, 국가에 대한 대출금은 이들 법인의 주식으로 증권화시켜 투자자들에게 판매함으로써 해결하였다. 증권화는 이 기업들이 법인으로 남아 있는 한 원금을 상환하지 않고 영구적인 대출을 허용한 대신 반대급부로 은행(BoE)은 지폐 발행권을 부여받았고 이 지폐는 세금 납부 수단으로 승인되었다. 즉 시민들은 국가에 대해 납세 의무를 가졌기 때문에 은행(BoE)의 지폐를 지불 수단으로 받아들인 것이다. 이처럼 금융업자들은 국가에 영구 대출해주고 주식을 발행하여 투자자로부터 자금을 조달하고, 금융업자들은 통화 발행을 허용 받고, 국가는 이 지폐를 조세로 납부할 수 있게 하였다.

마침내 1833년 영국 국가는 은행(BoE)지폐를 법화(legal tender)로 정함으로써 대중이 민간은행 지폐를 받아들이도록 강제 통용력을 부여하였다. 은행권은 왕의 지폐가 아닌 민간 지폐였지만 점차 왕의 지폐인 공적통화가 된 것이다. 즉 조세가 가치 없는 지폐에 대한 수요를 창출했다는 점에서 통화는 국가의 창조물이다. 사실 통화는 채무, 즉 차용증서(IOU, I owe you)이기 때문에 누구나 IOU 발행이 가능하다. 단지 사람들이 IOU를 수용하게 하는 것이다. 이런 점에서 특정 은행의 지폐가 법정통화가 될 수 있었던 것은 해당 은행 부채를 조세 지불 수단으로 인정함으로써 해당 은행 부채를 국가가 발행한 부채와 동일시했기 때문이다.

이처럼 국가가 전쟁(권력 확장)에 지속적으로 참여하지 않았다면, 그리하여 장기 차입을 수집할 필요가 없었다면 은행의 특권(charter)은 초기에 폐지되었을 것이고, 화폐 창출과 인가 받은 법인의 특권은 부여되지 않았을 것이라는 점에서 국가권력의 팽창과 은행의 특권 강화는 공진화하였다. 물론 정부는 초기에 은행업에 대한 인가를 단지 11년 동안만 허용하고 은행 법인 인가의 연장은 국가 승인이 필요했다. 특히 지주 이해에 기반했던 당시 의회는 17세기 후반에 출현한 금융업에 적대적이었고, 심지어 의회는 1696년 토지은행(the Land Bank)을 설립함으로써 영란은행의 특권을 위협하였다. 토지 가치에 기초한 화폐 발행을 허용함으로써 영란은행의 화폐 발행 독점력을 약화시켰던 것이다.[39]

그러나 1694~1844년간 영란은행이 9번이나 재인가를 받을 수 있었던 것은 정부가 추가 대출이 필요했기 때문이었고, 궁극적으로는 추가 대출의 대가로 어떤 다른 은행도 설립될 수 없다는 1697년 지속법(the Continuation Act)의 발포로 이어졌기 때문이다. 그 후에도 의회는 또 다른 경쟁 은행을 설립하였지만 영란은행의 지위를 위협하지는 못했다. 1700~1815년간 영국 정부 지출이 15배 증가했는데 대부분이 군비 지출이었다는 점에서, 즉 18세기의 반복적인 전쟁과 전쟁 관련 위기 속에서 영란은행의 특권 강화를 막기에 역부족이었기 때문이다. 역설적으로 신용에 대한 정부 접근으로 촉발된 금융혁명이 프랑스에 대

---

39 영국 정부는 소금세를 거두어 토지은행으로부터 조달한 자금을 충당하려 했으나 토지은행에서 조달한 자금이 급증하며 상환 불능, 즉 파산 상태에 직면하게 된다.

한 영국의 승리와 18세기 말까지 서구에서 지배적 지위 확보를 가능케 하였고, 영란은행을 필수적인 장기 프로젝트, 즉 근대 은행의 지배적 형태이자 공공 부채의 제공자와 집행자로 만들었던 것이다.[40] 반면 대륙의 은행들은 당시까지 민간인은 물론 공공 부문에게도 대출 제공은 금지하였다.

지금까지 보았듯이 근대 화폐 시스템은 국가권력과 은행자본 간 타협의 산물이었다. 따라서 내생적 금융 성장의 결과 화폐 공급에 대한 중앙은행 독점력 약화는 화폐 시스템에서 금융자본의 영향력이 증대되는 방향으로 국가권력과 금융자본간 역학관계의 재구성을 의미한다.

반면 블록체인 기반의 가상통화 등장은 화폐의 다원화를 의미한다는 점에서 국가권력과 금융자본의 담합에 기초한 근대 화폐 시스템의 균열을 의미한다. 화폐(공급)에 대한 독점력으로 국가는 조세 수집의 범위를 넘어 채무를 발행하고, 채무 이상으로 발행된 화폐로 은행 또한 대출을 증가시킴으로써 지대를 추구했지만 대안화폐의 등장은 은행의 지대를 축소시킬 가능성이 높다.

물론 블록체인 기반의 대안화폐가 단순한 통화가 아닌 화폐 역할을 수행하기 위해서는 블록체인 기반 가치 창출(예:dApp=decentralized application) 사업 모델의 성공 여부에 의해 좌우될 것이다. 가상통화는 블록체인 기반 가치 창출 모델의 핵심수단이기에 가치 창출 방식이 안정화되면 가상통화 가치의 안정성도 비례할 가능성이 높기 때문이다.

---

40 1946년 국유화되면서 영란은행에 대한 국가 통제가 강화되었다. 연준의 공개시장위원회(FOMC)에 은행자본이 개입하는 것과 달리 영란은행 통화정책위원회는 독립적 인사(?)로 구성된다.

이런 점에서 가치 창출과 결합되지 않은 비트코인은 대안화폐가 되기 어렵다.[41] 일부에서 블록체인 관련 가상통화가 실물 경제와 결합될 수 있어야 대안화폐로서 역할을 수행할 수 있다고 지적하는 배경이다. 블록체인 기술의 핵심이 '분산'과 '공유', 즉 블록체인에 기반한 가치 창출 사업 모델에서 발생하는 이익이 특정인이나 특정 기업에 집중되는 게 아니라 참여자 모두에게 분산됨으로써 부가가치를 공유한다는 점에서 이와 관련된 가상화폐는 기존의 화폐 시스템에 대한 대안화폐 시스템의 의미를 갖는다.

예를 들어, 가상화폐의 등장이나 알리바바의 알리페이나 P2P 금융 등에서 보듯이 핀테크 기반의 새로운 유형의 금융기관 등장 등 결제 시스템의 다양화는 금융시장의 효율성과 안정성을 증대시킨다. 거래 이력을 바탕으로 신용을 평가함으로써 거래 당사자 중 한쪽의 정보 부족에서 발생하는 정보 비대칭성의 해소, 빅데이터의 사용, 거래비용의 인하, 보다 신속하고 용이한 결제, 금융 중개의 효율성 증대, 금융 시스템 접근에 어려움을 겪었던 대상들에게 금융 접근 확장, 그리고 분산화 등으로 결제 및 금융 시스템의 안정성 증대 등을 기대할 수 있다.

또한 중앙은행에 의한 디지털 통화의 도입은 통화정책 운용에 있어서 기존의 제약을 벗어나게 해줄 수 있다. 예를 들어, 전자지갑을 활용

---

41 예를 들어, 윌리엄 스탠리 제본스(William Stanley Jevons, 1835~1882)가 1세기 전에 돈으로서 기능하는 재료의 바람직한 속성을 유용성과 가치, 이동성, 물별성, 균실성, 가분성, 가치의 인징성, 인식 가능성 등 7가지로 정리했는데 비트코인은 유용성과 가치라는 속성을 제외하고 모든 기준을 충족한다. P. Auerswald, The Code Economy: A Forty-Thousand Year History, Oxford University Press, 2017, 이영래 옮김, 『코드 경제학: 4만 년 인류 진화의 비밀』, 동아엠앤비, 2018, p. 280~281.

할 경우 현금 보유에 따른 비용이 발생하지 않기에 제로금리 제약(zero lower bound)에서 벗어나 '마이너스 금리' 정책을 사용할 수 있게 되고,[42] 돈의 배분을 전자거래로 간단히 처리할 수 있기에 중앙은행이 경기부양을 위해 새로 찍어내 모든 가구에 돈을 공급하는 '헬리콥터 머니'도 구사할 수 있다. 즉 취약한 경제활동 상황이나 눈앞에 다가오는 위기 상황에서 중앙은행 통화(outside money, 공식통화)를 신속하고 효율적으로 투입함으로써 디플레이션 리스크나, 혹은 금리가 매우 낮은 수준에서는 시중에 돈이 아무리 많이 공급되어도 사람들은 현금을 보유해 돈이 돌지 않는 유동성 함정을 피할 수 있다. 그밖에도 대외결제통화로서 달러의 비중을 축소시키고 달러의 지배력을 약화시킬 것이다. 이는 글로벌 불균형의 근원인 기축통화제 문제를 해소시킬 잠재력을 갖고 있음을 의미한다.

물론 기존의 관점에서 볼 때 자본 흐름을 규제하고 통제하기가 보다 어려워지는 문제, 즉 자본 흐름 채널의 증가와 금융 거래 실행에서 발생하는 비용인 금융 마찰의 감소 등은 통화정책의 국제적 확산을 증폭시키고, 금융시장 변동성을 국제적으로 빠르게 이전시키는 문제를 제기할 수 있다.

그러나 자본 흐름의 상호 연관성 증가와 금융시장의 통합으로 정책의 상호의존성은 증가하지만 자본 구성의 다양성으로 금융 불안정성은 오히려 안정될 수 있다. 이와 관련하여 일부 신흥시장국에서 금융위기

---

42 마이너스 금리란 예금을 할 경우 일종의 현금 보관료를 예금자가 은행에게 지불하는 것을 의미한다. 따라서 예금할 동기가 약해지고, 현금을 스스로 보관하는 데 비용이 발생한다.

의 타개책으로 자국의 공식 화폐인 법화(legal tender)를 버리고 가상화폐를 선택하는 현상을 주목할 필요가 있다.[43] 일각에서 상황이 안 좋을 때 정부에 의해 보장되지 않는 가상통화 결제 시스템이 자신감의 위기로 발전할 수 있다는 지적[061]을 하지만, 이는 가치 창출과 연계되지 않은 결제 시스템의 문제에 불과할 것이다.

---

43 예를 들어 베네수엘라가 경제파탄 타개책으로 가상화폐인 페트로(petro)를 발행한 것이나, 연준의 금리 인상 후폭풍으로 긴축 발작에 시달리는 아르헨티나, 필리핀, 인도네시아, 터키 국민들이 가상화폐를 사들이는 현상이 그것이다.

경제(성장)의 탈물질화와 일자리 대충격 그리고 초양극화

탈공업화 이후 경제활동들은 생산 및 고용 부문에서 서비스가 차지하는 비중이 증가하고, 서비스에 대한 최종 및 중간 수요가 증가하는 등 경제의 중심이 제조업에서 서비스 산업으로 이동하는 현상인 '경제의 서비스화'(servitization of th economy)부터 시작해서 기업투자에서 무형자본 비중의 증가[062]와 기업경영에서 무형가치 창출의 증대[063] 그리고 경제성장과 노동생산성에서 무형자본 기여의 증가[064] 등 '경제 및 경제성장의 탈물질화'(dematerialisation of the economy and the economic growth)가 심화되고 있다. '경제의 서비스화'는 산업화가 완료되면 일반적으로 중산층 사회에 진입하고, 일인당 소득 증대로 물질에 대한 소비가 어느 정도 충족되면서 소비와 생산에서 탈물질적 가치의 중요성이 증대한 결과이다.

다른 한편, IT 혁명과 데이터 혁명으로 무형가치(무형재, 디지털 재화, 디지털 무형재, 가상재화)의 생산과 소비가 증대하며 '경제(성장)의 탈물질화'는 가속화되고 있다. 예를 들어, 앱 기반 경제활동의 증가[065] 등 고용과 자산 축소형(employment-lite and asset-lite) 사업 모델의 부상이 그것이다. 즉 서비스 생산과 소비가 노동이나 재화 등과 연결된 경제활동이라면 기본적으로 데이터 및 아이디어에 기반한 무형재 생산과 소비는 노동이나 재화 등과의 연결성이 상대적으로 약해지고 있다.

전통적 혁신에서 무형 부분은 유형재의 지식 구성요인처럼 '한 부분'에 불과했던 반면, 디지털 혁신은 완전히 무형적이고 총체적 비경합

성(non-rivalry)을 허용하기에 유동성(fluidity)과 편재성(ubiquity)을 선호한다. 예를 들어, 코딩된 아이디어나 콘텐츠 등에서 보듯이 무형재의 초기 생산비용은 매몰되고 추가 생산비용과 추가 배송비용 없이 전 세계에 배달될 수 있어 판매량이 증가할수록 단위 비용이 하락하다 보니 추가 수입이 모두 수익으로 잡혀 수익률은 매우 높다.

게다가 시장 사용자가 많을수록 보다 매력적인 시장으로 발전하기에 기업은 사용자에게 이익 제공을 통해 사용자 참여를 극대화시킨 하나의 디지털 생태계의 구축을 추구한다.[066] 그리고 디지털 생태계는 일정 규모에 도달하면 사용자에게 완벽한 경험을 제공하고, 하나의 플랫폼에서 사용자는 다양한 필요를 충족시킬 수 있기에 점점 더 커질 뿐 아니라 사용자가 플랫폼을 떠날 인센티브를 축소시킴으로써 디지털 생태계는 사용자의 주목, 시간, 가치의 대부분을 장악할 수 있다. 생태계를 구축하면 충성스러운 고객을 확보할 수 있는 이유이다. 디자인과 더불어 아이팟의 매력을 높인 아이튠즈 플랫폼부터 아마존, 페이스북, 인스타그램, 트위터, 옐프(yelp) 등의 기능을 결합시켜 도시의 모든 인프라와 서비스들을 담아내고 있는 위챗(WeChat) 생태계[44]가 그것들이다. 이른바 (일관된 방향으로 가해진 힘이 누적되어 합쳐진 힘과 관성에 의해 회전운동에너지를 저장하는 효과인) 데이터의 '플라이휠 효과(fly-wheel effect)'로 서비스 개

---

44 예를 들어, 위챗을 운영하는 텐센트는 송금, 재테크, 수도, 가스, 전기, 전화, TV 비용 등에 대한 간편결제, 납부한 연금 현황 파악이나 지방세 납부, 각종 증빙 업무 등 성무 서비스의 처리, 그리고 택시(디디주싱), 기차, 항공권, 호텔, 영화관(웨이잉; 微影; Weying), 음식점 예약(디엔핑; 大众点评; Dianping, 대부분 O2O 포괄), 소셜커머스(메이퇀; 美团; Meituan, 디엔핑과 합병) 분야와 관련된 스타트업의 주요 주주이기도 하다. 즉 위챗 생태계는 플랫폼의 플랫폼인 하이퍼 플랫폼이다.

선을 부채질하고, 그 결과 추가 확보한 데이터는 미래 성장을 자극한다. 인공지능(AI)에 대한 갑작스런 열정이 2010년경 출현한 배경이기도 하다. 빅데이터를 전제하지 않은 인공지능의 발전은 상상할 수 없고, 빅데이터 확보는 플랫폼 사업 모델의 확산 없이 불가능하기 때문이다.

즉 전자상거래, 기업, 소셜미디어, 정부 등을 포함한 데이터 원천들로부터 빅데이터 이용이 가능해졌고, 빅데이터는 머신러닝(사람이 컴퓨터에 지시하지 않고도 컴퓨터가 스스로 데이터를 분석해서 문제를 해결하는 능력을 갖게 하는 것) 혹은 딥러닝(컴퓨터에게 사람의 사고방식을 가르쳐 컴퓨터가 스스로 사람처럼 학습할 수 있게 하는 것) 접근에, 그리고 알고리즘(컴퓨터를 통해서 문제를 해결하기 위한 절차, 방법, 명령어들을 담은 프로그램)을 극적으로 향상시키는 '원료'를 제공하였고, 이들은 보다 강력해진 컴퓨터 역량에 의존하였다.

이 세 가지 요인들이 서로를 강화시키면서 인공지능의 실수율(error rate)은 2011년 26%에서 2015년 3.5%로 축소되었다.[067] 디지털 거인들의 능력이 선순환을 강화시키는 배경이다. 사실, 인공지능이 빅데이터의 뒷받침 없이 불가능했고, 빅데이터는 네트워크를 강화시킨 IT 혁명의 심화 결과였다는 점에서 4차 산업혁명은 3차 산업혁명의 연장선에 있는 것이다. 실제로 〈그림 19〉에서 보듯이 금융위기 이후 미국 벤처자본의 투자를 주도한 것은 IT 투자였다. 이것이 IT 혁명으로 등장한 1990년대 후반에 닷컴기업이 디지털 무형재의 특성을 바탕으로 플랫폼 사업으로 진화한 이유이고, 플랫폼 사업의 확산으로 빅데이터의 확보가 가능해지면서 인공지능의 열풍이 일기 시작한 배경이다. 플랫폼 사업

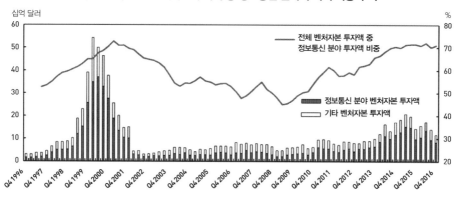

〈그림 19〉 미국 벤처자본 투자액 중 정보통신 분야 투자액 비중 추이

십억 달러

전체 벤처자본 투자액 중
정보통신 분야 투자액 비중

정보통신 분야 벤처자본 투자액
기타 벤처자본 투자액

출처 : OECD, OECD Digital Economy Outlook 2017, 2017, p. 124, Figure 3.11.

모델을 만들지 못하면서 정부 등 공공기관이 확보한 빅데이터의 활용을 허용해달라고 주장하고, 인공지능 분야에 진출하기 위해 외국의 관련 기업을 인수하려는 한국 민간부문의 수준으로 플랫폼 경제 활성화는 기대하기 어렵다.

반면 앞에서 지적했듯이 한계비용 제로와 더불어 컴퓨터 및 인터넷으로 인한 물리적 장벽의 소멸로 제조업과는 비교할 수 없을 정도의 규모의 경제성을 만들어냄으로써 시장집중을 초래한다. 여기에 글로벌화와 통신비용의 하락은 대기업의 생산 규모를 증가시키고 시장 지대의 규모를 증가시킨다. 즉 생산자는 전체 시장에 공급을 목표로 하고, 이것이 '승자독식 시장구조(winner-take-all)' 혹은 자연독점을 초래하는 배경이다. 그 결과 소득은 승리 기업들의 주주, 투자자, 최고 경영층, 핵심 고용원 등에게 대부분 배분되고, 평균 노동자들은 지대 획득에서 소외되어 소득 불평등은 심화될 수밖에 없다.

디지털 혁신이 주도하는 기술진보는 판매량 등에서 시장집중을 증대시키는 반면, 시장집중을 주도하는 이른바 '슈퍼스타 기업'들의 고용 창출력은 기존의 제조업보다 낮기에 노동소득 비중의 하락을 초래하는 것이다.[068] 게다가 시장집중을 통해 증대시킨 수익으로 신생 기업들을 인수함으로써 시장집중은 더욱 심화되었다. 물론, 시장 진입 비용의 하락으로 창조적 파괴가 강화되는 측면도 존재한다. 즉 클라우드의 출현이 대규모 초기 투자를 제거하여 낮은 가격으로 컴퓨터 파워에 대한 접근이 가능해지고, 디지털 수단을 활용한 광고비와 마케팅 비용 등을 포함한 생산후 처리과정(downstream) 비용을 낮추고, 더 적은 노동과 자본 투입물을 요구하는 재화 및 서비스 생산이 가능하듯이 IT는 생산, 관리, 새로운 지식의 소통 비용 등을 낮춘다.

그러나 다른 한편으로는 네트워크 효과나 데이터 접근의 이점 등으로 후발 진입자의 기회를 축소시키고 디지털 혁신을 보호하기 위한 규제 및 정책 조건, 지적재산권, 표준 설정 등으로 경쟁의 장벽은 더욱 강화되고 있다. 산업사회에서 경쟁을 촉진시켰던 소비자 선호의 다양성도 제품 차별화 비용을 의미 없게 만드는 디지털 혁신으로 시장집중을 막는 데 역부족인 상황이다.[069] 그리고 미국에서 시장집중의 증가는 특히 2000년대 초 이래 각 산업의 주도 기업들에서 과소 투자(투자 하락)를 야기함으로써 생산성을 둔화시켰을 뿐 아니라 기업 합병을 강화시킴으로써 경제의 역동성과 유동성을 낮춰 〈이슈 2〉에서 소개한 〈그림 1〉에서 보았듯이 1980년대 초 이래 신생 기업들의 고용 창출을 크게 하락시켰다.[070]

게다가 기업이 일반적으로 앱을 통해 노동자를 고객에게 연결시키는 하나의 플랫폼으로 진화한 이른바 플랫폼 혹은 앱 기반의 긱 경제(gig economy 혹은 Uberization)가 부상하면서 산업사회에서 많은 희생을 지불하고 이룩한 노동 조건들이 후퇴하고 있다. 즉 긱 경제 노동자 혹은 조건부 임시 고용 노동자(contingent workers)는 전통적인 임금 노동자에 비해 독립성과 자율성이 증대하였음에도 고용의 질 하락과 현저한 임금 상승 둔화에 직면하고 있듯이 불안정하고 제도적으로 도움을 받기 어렵다. 그렇다고 새로운 형태의 노동을 고용에 기초한 임금노동으로 전환시키는 것은 비현실적일 뿐 아니라 의미도 없다.

고용 안정성의 후퇴는 숙련 노동력도 예외가 아니다. 비즈니스 세계의 중심이 제조업에서 네트워크로 연결된 테크놀로지 거대 기업들로 이동하면서, 즉 비즈니스의 성격 변화로 인간이 더 이상 자동차 제조와 같은 한 가지 일에만 헌신하도록 놔두지 않았다. 대신 프로젝트 기반 일이 증가하면서 기업은 노동자를 계약 형태로 쓰게 되고, 영구적인 일자리보다는 단기적이고 임시적 형태의 일이 증가하고 있다.

상품이나 서비스 수요에서 단기 변동의 증가나 지식, 정보, 아이디어 등에 기반한 무형가치의 경우 상품개발 과정에서만 인간(노동력)이 요구되기에 기업의 경우 임시 조건부로 고용함으로써 유연성의 이점을 확보할 수 있을 뿐 아니라 단기 성과와 효율성에 대한 자본시장 압력에 대응하여 노동비용 절약을 추구하는 기업의 경우 하도급 관계를 통해 외부 계약으로 숙련된 전문가 확보가 가능해졌기 때문이다.

경력(career)이나 평생 고용(life employment)의 종말을 의미하는 고용 불안정성이 반드시 노동자에게 불리한 것을 의미하지 않지만 기술진보에 맞추어 평생 일할 능력(life employability)을 확보해야 하는 새로운 문제가 대두되고 있다. 게다가 앞에서 지적한 플랫폼 기반의 사업 모델은 노동시장과 국가 등 대규모 조직의 형태를 기본적으로 변화시키고 있다. 다른 지역, 심지어 다른 국가에 있는 개인도 효과적으로 함께 일할 수 있다면 기존 작업보다 시간을 절약할 수 있는 보다 집중적이고 효율적인 협력이 가능해지고 있다. 개인의 경우에도 1개월에 단 몇 시간의 투자만 요구하는 여러 조직에 참여할 수 있는 노동시장 변혁에 적응해야 한다.

무엇보다 4차 산업혁명으로 가장 타격을 입을 일자리가 플랫폼 기업 혹은 앱 기반 사업과 관련된 저임금 서비스 노동자[45]를 비롯해 서비스 부문 일자리일 가능성이 높다. 예를 들어, 자율주행자동차의 등장은 우버 기사의 일자리를, 드론의 발전은 택배 기사의 일자리를 소멸시킬 것이다.

흔히 경제학자들은 기술진보로 없어지는 일자리보다 새로 만들어지는 일자리가 많다고 주장한다. 그러나 이러한 주장은 '노동력을 증대시키는 기술진보(labor-augmenting technical progress)'의 측면만을 보고 있는 것이다. 산업화 이후 기술진보의 효과를 보면 노동력을 축소시키는 기술진보도 있고, 고용을 증대시킨 기술진보도 있었다. 예를 들어, 1차 산업혁명은 방적기-방직기의 발명과 수공업 노동자의 몰락에서 보았듯이 기계가 장인들을 공장 노동자로 대체하는 식으로 제조업의 숙련 노동을 대체하는 기술진보였다. 당시 일자리 충격을 상징적으로 보여

---

45 운전기사 서비스 플랫폼 Uber, 잔심부름 연결 플랫폼 Amazon Mechanical Turk 혹은 Crowd Flower, 물류 플랫폼(물류판 우버) Amazon Flex, 온라인 디자인 경매 플랫폼 99designs 혹은 Designcrowd, 단기 일자리 중개 서비스 및 심부름 서비스업체 플랫폼 TaskRabbit, (계약노동자의 정규직원 전환 소송으로 폐업한) 집 청소 연결 플랫폼 HomeJoy 등이 그것들이다.

주었던 것이 기계파괴운동(Luddite Movement)이었다.

반면, 19세기 말~20세기 초의 기술 변화(2차 산업혁명)는 저숙련 노동자의 생산성을 향상시킨 이른바 '저숙련 편향의 기술 변화'로 저숙련 노동력의 수요를 증가시켰다. 즉 노동 분업이 거의 없는 공예인 장인 생산에서 조립라인을 비롯한 현대적 공장 작업 현장은 물론 공장 형태의 사무노동인 일괄적·연속적 생산 공정으로 변화하면서 노동자에게 최소 교육이 요구되었다. 19세기 후반에 공교육(예:영국의 1870년 초등교육법⟨The Elementary Education Act 1870⟩)이 도입된 배경이다.

초등교육은 국민생활에 필요한 기초적인 생활능력을 갖게 하는 일반 교육이듯이 당시의 기술진보에 의해 등장한 기계들은 비교적 기본 교육만으로 수행이 가능하였다. 예를 들어, "최초의 계산기가 출현하면서 교육 수준이 훨씬 낮고 계산에 서툰 사람들도 회계 사무 일을 할 수 있게 되었다. ……기계 덕분에 이전에는 노련한 노동자가 필요했던 업무를 비교적 기본적인 교육만 받은 노동자도 수행할 수 있게 되었던 것이다. …… 그 결과 공장 노동자의 임금이 사무직 봉급 생활자의 임금을 따라잡게 되었다."[071] 즉 기술과 노동자 기능이 상호 보완적이 된 것이다.

기술이 성숙함에 따라 숙련 노동력에 대한 수요가 증가하면서 일반 교육을 받은 노동력보다는 직업교육을 받은 노동자에 대한 수요가 증가하였다. 즉 1890년대 이후 전기동력, 엔진, 화학 등이 경제 발전을 선도하면서 기계산업을 중심으로 생산업체에서는 대학에서 배운 기술자보다 임금은 더 싸고 더 낮은 단계의 기술자를 필요로 했고, 기술 자격을 갖춘 인력을 공급하기 위해 실업학교나 직업학교의 중요성이 증대하였다.

20세기 말 기술진보(3차 산업혁명)는 고숙련 노동자의 생산성을 향상시킨 '숙련 편향 기술 변화'로 숙련 노동력에 대한 수요를 가속화시켰다. 앞에서 언급한 계산기의 출현이 저숙련 노동자의 생산성과 임금을 증가시켰다면 계산기에 명령을 입력하는 기술의 발전으로 프로그래머의 상대적 임금이 높아졌다. 특히 3차 산업혁명으로 기술진보와 보완적인 관계를 가지는 것은 노동력 자체가 아니라 노동력에 체화되어 있는 업무 수행 능력이 되면서 고숙련 직종 수요는 증가하고, 기술진보와 대체 관계인 중숙련 직종 수요는 감소하였다. 다른 한편 기술진보와 독립적 관계인 저숙련 직종 수요는 안정적으로 유지됨으로써 이른바 '일자리 양극화'를 수반하고 소득 불평등을 심화시켰다.

그러나 4차 산업혁명은 일자리 양극화 심화와 더불어 서비스 일자리의 소멸로 작용하고 있다. 예를 들어, 암치료 프로그램 운영이나 영상인식 소프트웨어를 이용해 엑스레이와 자기공명영상(MRI) 등을 분석함으로써 아주 잘 훈련된 인간 의사도 보지 못하는 종양을 찾아내는 등 인공지능(AI)은 인간이 수행하는 일부 업무를 더 값싼 비용으로 더 빠르게 더 나은 결과를 내놓고 있다. 따라서 일자리를 줄일 뿐 아니라 살아남는 직업의 경우에도 더 똑똑해진 기계와 경쟁이 더욱 확대될 수밖에 없다.

문제는 이전의 기술진보가 가져온 자동화는 프로그래머에 의해 만들어진 잘 짜인 규칙에 의존한 반면, 인공지능(AI) 프로그램과 관련된 자동화는 부딪치는 데이터 속 패턴에서 학습하고, 나아가 새로운 정보를 해석하는 방식에 필요한 자체 규칙을 개발하는 방향으로 진행되면서 매우 적은 인간(노동력) 투입으로 학습과 문제해결이 가능해지는 방향으로 진화하고 있다는 점이다.

경제이론적으로도 자동화가 일자리에 미치는 영향은 생산성 증가를 통해 일자리 창출에 긍정적으로 영향을 미치는 생산성 효과(productivity effect)[072]와 자동화에 의해 기존 일자리가 대체되는 대체 효과(displacement effect)로 나타난다. 그런데 자동화에 대응해 노동시장의 조정이 지체될 경우, 즉 생산성이 높은 노동집약적 업무가 만들어지지 않을 경우 생산성 효과는 약화되고 일자리는 악화된다.

21세기 들어서 미국의 일자리 증가율 하락이 그것이다. 게다가 새로운 기술이 등장해도 생산성 증가는 오랜 시차를 두고 나타나기에[073] 변화기에 일자리는 더욱 악화될 수밖에 없다. 또한 생산성 효과가 강할 때조차 자동화에 따른 노동생산성 증가율은 임금 증가율을 초과하기 때문에 노동소득 비중의 저하는 불가피하다. 즉 자동화는 생산성을 증대시킴으로써 노동 수요와 임금을 증가시키는 측면도 존재하지만, 일자리 대체효과로 노동 수요 및 임금을 감소시키는 효과도 있기에 임금 증가율보다 생산성 증가율이 높을 수밖에 없다. 그 결과 자동화는 항상 노동소득 비중을 축소시킨다. 따라서 새로운 노동집약적 업무의 창출과 그에 따른 노동소득의 비중을 증가시키지 않는 한 자동화에 따른 불평등 악화를 막는 길은 없다.[074]

탈공업화 이후 가치 창출은 무형가 치에서 나온다는 점에서 산업사회와 근본적으로 다르다. 미국 산업화의 상징 기업들인 GE나 GM 등은 다우지수에서 퇴출될 정도로 쇠락하였다. 반면, 현재 시장가치가 가장 높은 애플과 알파벳의 가치는 유형자산들보다 새 상품을 개발, 생성 및 주문 이행, 마케팅 계획을 작성하고, 직원을 고용하거나 조직들이 비즈니스를 수행하는 방법들인 비즈니스 프로세스, 전매 지식(특허권 등), 브랜드 등이다. 사실 지금까지와는 전혀 다른 기술에 기반한 4차 산업혁명은 새로운 산업의 등장뿐만 아니라 새로운 기술에 조응하는 새로운 사회를 전개할 수밖에 없다는 점에서 생산물 분배 방식의 변화도 불가피하다. 즉 농업사회와 산업사회가 각각에 조응하는 분배 방식을 만들어냈듯이 3, 4차 산업혁명들도 새로운 분배 방식을 요구한다. 실리콘밸리 혁신 사업가들이 앞장서서 기본소득의 도입을 주장하는 배경이다.[075] 산업사회로의 전환을 가져온 1차 산업혁명이 진행되던 당시에도 기본소득의 필요성이 제기된 이유이다.

"생산물 배분에 있어서, 노동력의 능력 여부와 상관없이 먼저 공동체의 모든 구성원들의 생계를 위해 최소한이 할당된다. 생산물의 나머지는 세 가지 요소인 노동력, 자본, 재능 중에서 미리 결정된 일정 비율로 분배된다."

J.S. Mill, The second edition(1849) of Principles of Political Economy, New York:Augustus Kelley, 1987, Book II Distribution, chapter 1. Of Property

3, 4차 산업혁명 관련 기술진보들이 수반할 연결 경제나 데이터 경제 등에서 가장 중요한 자원 중 하나는 데이터이다. 그런데 오늘날 가치 창출의 주역인 빅데이터는 많은 사람들의 참여로 만들어진 것이다. 사실 인공지능 분야를 지배하고 있는 머신러닝 알고리즘 자체가 빅데이터 활용의 결과물이자 인간 지능의 집적이라는 점에서 빅데이터는 인간 노동의 또 다른 모습이라고 보아야 한다. 그러나 빅데이터나 인공지능이 창출하는 가치는 소수의 사람들이 차지하고 있다. 데이터라는 또 하나의 '허구적 상품'[46]이 상품으로 되고 있는 것이다. 데이터에 대한 사회적 통제가 중요한 이유이다.[47]

〈대안 2〉에서 지적했듯이 디지털 플랫폼의 성장과 발전에 많은 사용자가 기여하고 있지만 재정적 보상은 플랫폼을 소유한 일부 집단에

---

46 상품은 생산물 중 시장 판매(수익 추구)를 목적으로 한 생산물이라는 점에서 인간이 만든 인간 노동력이나 자연이 생산한 토지는 본래 상품이 될 수 없거나 본래 상품이 아니었다. 이런 이유로 폴라니는 일찍이 이들을 '허구적 상품'으로 불렀다. 화폐와 지식도 마찬가지로 허구적 상품이다.

47 이와 관련하여 2015년 포데모스연합 정치세력이 집권한 바르셀로나는 2016년 디지털 어젠더를 발표했는데, 플랫폼 경제와 관련해 △행정과 공공서비스 제공을 통해 획득되는 주민의 데이터는 법적으로 체계화된 '도시 데이터 공유부(City Data Commons)'를 형성하여 집적해 사적 서비스 제공자나 플랫폼 기업의 소유가 되지 않도록 하고 △실생활 데이터 집적과 분석을 투명하고 민주적인 의사결정 과정에 맡기며, △빅데이터의 산업 정책적 활용이나 경제 정책적 보호에서 시장 모델보다 공적 모델이 우선되도록 하고 중앙집중적 소유보다 협동조합적 소유가 우선하도록 한다는 선언을 주목할 필요가 있다. 장흥배, '규제 완화, 플랫폼 경제의 공공성을 사유화하기' 프레시안, 2018.08.18.

만 지급되고 있다. 즉 디지털 혁신이 수반하는 불평등 구조인 승자독식 구조를 특징으로 한다. 게다가 데이터에 가치를 불어넣는 것은 양질의 아이디어이다. 아이디어는 기존의 노동력과 달리 시간에 비례해 생산되지 않는다. 극단적으로 어떤 경우는 삶을 사는 동안 한 차례의 아이디어로 세상에 큰 기여를 할 수 있다. 더 심각한 문제는 4차 산업혁명에 필요한 사회혁신들이 제도화되어 새로운 사회질서가 안착될 때까지 기존 교육 방식, 특히 획일적인 주입식 교육 방식으로부터 영향을 받은 대다수 사람들은 일자리 상실의 위협에 직면해 있다는 점이다.

실리콘밸리의 상당수 혁신기업가들이 기본소득 도입을 지지하는 것도 고용 및 자본 축소형 사업 모델의 확산으로 사회적 생산능력에 비해 총수요가 부족해질 경우 혁신기업의 성장에도 바람직하지 않기 때문이다. 앞에서 지적했듯이 경제이론은 노동생산성 향상을 수반하는 기술진보로 실질임금이 생산성 향상과 같은 속도로 증가하더라도 일자리를 축소시킬 수밖에 없고, 고용 충격을 막기 위해서는 사회적 추가 지출이 필요함을 보여준다.[076]

이처럼 3, 4차 산업혁명이 수반할 기술진보에 따른 일자리 대충격을 최소화시키려면 지금까지처럼 시장 경쟁에서 탈락한 사람들에게 제공되는 사회안전망을 넘어 모든 사람들에게 기본 생계수단(소득)을 제공할 필요가 있다. 이는 기술진보로 포장된 소득 창출 중 대부분이 사회에 축적된 지식 혹은 사회 구성원이 제공하는 데이터 등에서 비롯된다는 점에서도 사회정의에 부합하고 도덕적 근거를 갖는다.[48] 시민이라면 누구에게나 재산, 직업, 가계 상황 등에 관계없이 최소한의 생계수단을 제공하자는 '보편적 기본소득(UBI, universal basic income)'은 복지행정 비용의 절감이나 복지 사각지대 해소 등의 기술적 이점을 갖고 있다. 반면 기본소득을 반대하는 측은 근로 의욕을 감퇴시키는 등 아무것도 안 하는 이들에게 무엇을 준다는 건 정의롭지 않다고 주장한다.

그러나 근로 의욕 감퇴라는 비판은 일하고 싶어도 일자리가 없는 상황이 도래한다면 얘기가 달라진다. 특히 정규교육이 평생소득을 보장해주던 산업사회 상황과 달리 교육을 많이 받은 청년들에게 적합한 일자리가 제공되지 않는 상황은 구별해야 한다. 〈대안 7〉에서 보았듯이 신생 기업들의 고용 창출력이 하락하고 있고, 글로벌 주요 기업들이 새로운 투자처를 찾지 못하면서 현금성 자산 규모가 증가하고 있기 때문이다.

문제는 기본소득의 제공이 재능을 최대한 발휘하게 하고 창의성을 높여 사회를 발전시킨다는 찬성 측과 자아실현 및 창의성 발휘에 부정적으로 작용한다는 반대 측의 대립 부분이다. 그런데 창의성 발휘가 가치 창출로 실현되기 위해서는 많은 시간이 소요된다는 점에서 기본소득의 제공은 정당성을 갖는다. 게다가 산업화 시대의 표준화된 지식 습득에 초

---

48 대표적으로 인공지능의 아버지이자 1978년 노벨경제학상 수상자인 허버트 사이먼(Herbert Simon)은 미국이나 북서유럽 등 부유한 사회의 경우 전체 소득 중에서 90%에 조금 못 미치는 소득이 저장된 지식이라는 사회자본의 산물이기에 부의 90%를 사회에 환원시키는 것이 정의에 부합하고 도덕적으로 정당하다고 주장하면서, 미국의 경우 일률적으로 70%의 과세만으로도 그중 절반으로 모든 정부 프로그램을 지원하고 나머지로 모든 주민에게 연간 약 8천 달러 혹은 3인 가족 기준 2만 5천 달러를 지급해줄 수 있을 것이라고 수상했다. Herbert A. Simon, "UBI and the Flat Tax: A response to 'A Basic Income for All' by Philippe van Parijs," October/November 2000 issue of Boston Review. http://bostonreview.net/archives/BR25.5/simon.html (posted on Dec. 1, 2017).

점을 맞춘 정규교육으로는 자아실현이나 창의성 발휘가 어렵다.

예를 들어, 〈대안 2〉에서 지적했듯이 3, 4차 산업혁명은 다르게 생각하고 자신과 다른 사람과의 협력을 통해 문제해결을 할 수 있는 역량을 갖춘 인재를 필요로 하지만 지금까지의 교육 방식은 기본적으로 표준화된 지식 습득과 혼자 잘하기였고, 특히 한국의 경우 개인 차이의 적극적 구현이나 협력을 통한 문제해결 역량 함양과는 거리가 멀기 때문이다.

한편, 기본소득의 재원 마련을 위해 로봇세 도입이 제기되고 있다. 로봇에 의한 인간 노동자 대체는 급여세(payroll taxes), 실업보험세(unemployment taxes), 고용과 관련된 모든 복지 혜택 비용의 감소를 수반할 것이다. 예를 들어, 2025년에는 로봇기술로의 대체 등으로 전 세계 노동력에 지불하는 대가가 16% 감소(인건비 기준)될 것으로 추정하고 있고, 특히 제조업 비중이 높은 우리나라의 경우 인건비 감소 폭이 전세계 평균의 2배에 이르는 33%를 기록할 것으로 예상된다.[077]

로봇세의 한 방법으로 로봇이 대체한 노동자의 지난 연간 수입을 '참고 급여'로 사용하여 동일한 사회보장비용을 추출하기 위해, 즉 불평등을 완화하고 자동화의 전위효과(displacement effect)[49]가 내포하는 사회적 비용을 상쇄하기 위해 노동자를 대체한 로봇에게 세금을 부과하여 '보편적 기본소득'의 재원으로 사용할 필요성이 제기되고 있다. 즉 자동화에 따른 생산성 향상의 열매를 사회 전체가 함께 공유해야만 4차 산업혁명은 성공적으로 안착할 것이라는 주장이다.

---

49 예를 들어, 전쟁·공황과 같은 비상시에 증액된 조세는 위기가 끝난 후에도 쉽게 줄어들지 않고 새로운 사업 계획을 추진하는 데 이용되는 효과로 민주국가에서 정부 팽창의 시간적 경로를 설명한다.

그러나 로봇에 대한 소득세 부과 방식에 몇 가지 문제가 제기된다.[078] 첫째, 자동화로 해고된 노동자의 급여는 시간이 지남에 따라 인상되지만 로봇에 대한 소득세는 초기 설정한 세금을 변경하기 어려울 것이다. 둘째, 노동력을 대체하지 않고 처음부터 로봇을 사용한 경우 '참조 급여'가 존재하지 않는 문제가 있다. 셋째, 노동력을 절약한 기존의 기계(예:농작물 수확기)나 소프트웨어 등과 로봇 간 차별적 과세 문제가 존재한다.[50] 넷째, 로봇 판매 시 일시금 방식의 세금 부과 방식(빌 게이츠 선호 방식)은 로봇 제작자가 세금을 회피하기 위해 기존 기계에 인공지능 요소를 포함시켜 묶음으로 판매, 즉 로봇 요소를 기존 기계와 분리시키는 것을 어렵게 하여 로봇 요소에 세금을 부과하는 것을 어렵게 할 것이다.[51] 따라서 판매세나 자본재 판매세 부과 방식보다 모든 자본(주식 발행분으로 치환)에서 발생하는 수익으로 조달되는 '보편적 기본배당'을 도입하면 자동화에 따른 생산성과 기업 수익의 개선을 전체 사회가 공유하는 것이 가능하다.

그러나 소득 불평등을 해소하려면 '플랫폼 독점'의 문제를 해결해야만 한다. 플랫폼 독점의 문제를 해결하지 못하는 한 노동자가 경제적 지대의 배분에서 배제되는 문제가 여전히 남기 때문이다. 앞에서 소개

---

50 이 문제는 상당한 정도의 자율성을 갖는 로봇(전자인간)에게만 로봇세 적용을 국한시킴으로써 해결할 수 있으나, '전자인간(electronic person)'의 법적 권리를 부여할 경우 새로운 '종(species)'과 생활임금, 최저소득보장, 입양 등 새로운 '시민권 운동'을 출현시킬 가능성이 있다.

51 로봇을 일정한 정도의 자동화로 업무를 수행하는 물리적 시스템으로 정의할 경우 인간에 의해 수행되는 업무를 수행하는 시스템들인 소프트웨어 로봇과 기타 유형의 소프트웨어 간 구별의 어려움이 존재하고, 실제로 소프트웨어는 개별 노동자가 수행하는 업무보다는 다양한 노동자 업무의 일정 부분을 수행하기에 효율적인 소프트웨어(시스템)의 경우 수많은 노동자를 대체하고 있다.

한 협력적 소비도 공급자의 지대를 축소시키지는 않는다. 이와 관련하여 탈중앙화를 통한 정보의 민주화를 가져다준 블록체인 기술은 주요한 의미를 갖는다. 플랫폼 독점은 인터넷이 미완성의 탈중심 기술이었음을 의미한다. 이런 점에서 중심(중개인) 없이 거래를 가능하게 하는 대표적 기술인 블록체인과 이에 기반한 암호화폐(가상화폐)들은 플랫폼 독점을 해결할 수 있는 기술적 실마리를 제공한다.

블록체인 생태계는 중심이 없기에 개인이 더 많은 자유와 선택의 기회를 갖고, 무엇보다 상호간에 알지 못하고 신뢰하지도 않는 참여자들로 구성된 네트워크의 취약점인 '무임승차 문제'를 거래의 투명성 확보를 통해 해결함으로써 네트워크의 지속성을 보장한다. 즉 블록체인을 이용한 스마트 계약은 계약 이행 및 검증 과정이 네트워크로 자동화되고, 계약 실행 조건을 확인하는 사람의 간섭과 추가비용 없이 직접 처리하게 만듦으로써 복잡한 사업상의 계약을 적은 비용과 합의에 따른 신뢰를 바탕으로 안전하게 실행하는 것을 가능케 하고 있다.

게다가 네트워크에 참여 혹은 기여한 만큼 보상을 획득하는 것이 가능하다. 즉 네트워크의 가치 창출 기여에 비례하여 네트워크 참여자가 성과의 과실을 공유하는 것이 가능하다는 점에서 네트워크와 참여자 가치의 공진화가 가능한, 즉 업그레이드된 공동창조 모델이다. 여기에 암호화폐는 네트워크 역동성의 인센티브이자 네트워크 참여자 간의 협력을 만들어내고 지속적인 협력을 요구하는 신뢰의 기반이 된다. 블록체인과 암호화폐가 분리될 수 없는 이유이다.

블록체인 생태계는 금융거래에서 비즈니스 모델로 확장되고 있듯이 계속 진화하고 있다. 분산 앱(DApp, decentralized app) 사업 모델이 그것이다. 기존의 플랫폼 사업자 중심의 앱(CApp, centralized app) 사업 모델에서는 플랫폼 사업자가 상당한 수수료를 가져가기에 네트워크 참여자에게 배분되는 몫이 작아져 불평등을 심화시킨다. 반면, 분산 앱 사업 모델은 중개인 없는 네트워크이기에 플랫폼 사업자의 몫은 최소화되고 네트워크 참여자에게 돌아가는 몫을 증가시킨다.

기업 수익이 주주 중심으로 배분되는 주주자본주의보다 네트워크의 가치가 증가할수록 참여자에게 배분된 코인의 가치가 증가한다는 점에서 블록체인 생태계에 기반한 사업 모델은 호혜적이다. 게다가 주주자본주의에 기초한 기업에 고용된 노동자들보다 네트워크 참여자는 분산 앱의 혁신에 참여할 인센티브가 훨씬 강하다는 점에서 효율적이다. 즉 중앙집중형 조직들이 탈중앙화된 조직들로 전환되면서 자본주의가 호혜주의로 대체될 가능성을 보여주는 것이다.

블록체인 생태계(플랫폼 공유 모델)는 향후 시스템 업그레이드나 거래 처리 속도의 개선, 실생활 및 사업에 적용하기 위한 확장성 기술 개발 등 계속 진화할 것이다. 그러나 참여성, 공정성, 투명성에서 업그레이드된 블록체인 생태계가 중앙집중형 생태계(플랫폼 독점 모델)에 비해 호혜적이고 효율적이라 하더라도 탈중앙화가 분배에서 실현될 수 있도록 생산과 소비에서 협력이 강화되지 않는 한 불평등이 해결되기는 쉽지 않다.

예를 들어, 우버에서 플랫폼 사업자의 몫을 최소화시키더라도 우버 운전사의 처우가 크게 개선되기 어려울 뿐 아니라 자율주행자동차로 우버 기사의 공간은 좁아진다. 즉 전례 없는 데이터 축적 및 분석 등으로 새로운 가치 창출의 기회와 시장이 열리고 있지만 플랫폼 독점은 불평등을 더욱 심화시키고 있는 것이다.

이와 관련하여 페이스북 마크 저커버그(Mark Zuckerberg)의 '기본소득' 지지에 대해 파이낸셜 타임스 존 손힐(John Thornhill)이 페이스북 광고 수입의 원천인 데이터를 제공하는 사용자들에게 페이스북이 기본소득을 제공해야만 한다고 주장[079]한 것은 플랫폼 독점의 문제를 잘 드러내고 있다. 페이스북이 블록체인에 기반하여 사용자들에게, 즉 참여 데이터에 대해 가상화폐로 금전적 보상을 해주는 플랫폼 사업 모델(예:steemit)이라면 플랫폼 독점에서 비롯하는 불평등은 약화될 것이다. 그러나 앞에서 지적했듯이 페이스북 사용자의 기여도가 너무 낮기에 플랫폼 수익 배분의 불평등을 해소시키는 데는 한계가 있다.

이처럼 블록체인 생태계는 기술진보와 일자리 창출의 공진화의 필요조건이지 충분조건이 아니다. 즉 데이터가 블록체인 플랫폼의 세계에서 새로운 수입 흐름을 가져다줄 수 있지만 단순한 데이터 제공자의 수준에서 공유할 수 있는 데이터를 활용하여 가치 창출의 주역이 될 때 일자리 창출이나 소득 불평등의 개선 등으로 이어질 수 있다.

이를 위해 무엇보다 아이디어의 생성과 탐색, 가치 있는 통찰력 등의 역량을 가진 새로운 인간형이 요구된다. 사실, 농업사회와 산업사회에서의 인간형이 다르듯이 경제의 탈물질화 및 네트워크화에 따른 새로운 인간형의 요구는 자연스러운 현상이다. 가장 중요한 것은 교육목표 및 방식 등의 변화다. 그리고 각 개인이 스스로 자신의 삶을 기획하고 그에 맞게 실제로 삶을 조직하는 것이 가능하려면 사회 또한 이것이 가능하도록 조직되어야 한다. 따라서 사회 조직 및 운영의 원리인 민주주의도 자율민주주의로 업그레이드 될 필요가 있다. 즉 기술혁신이 가져온 블록체인 생태계에서 분산과 공유를 특성으로 하는 호혜성의 세계가 구현되기 위해서는 사회혁신(social innovations)이 대전제가 되어야만 가능함을 의미한다.

제3장

블록체인과
인공지능 시대의
인간형 및
정치경제 질서

블록체인과 인공지능 시대의
인간형 및 정치경제 질서

제2장에서 보았듯이 주류경제학의 위기는 탈공업화의 함정, 국민국가의 함정, 국민경제의 함정 등 '근대의 함정'에서 비롯한다. 마찬가지로 글로벌 금융위기나 유로존 위기 역시 탈공업화의 함정과 국민국가-국민경제의 함정에서 비롯한 것이다.

첫째, 근대는 산업사회와 동의어로 근대의 중심적 경제활동은 제조업이었는데 일자리 및 소득 창출에서 제조업의 역할이 감소하기 시작한 지 길게는 반세기가 지나가고 있다. '제조업의 농업화'가 진행되고 있는 것이다. 그 결과 산업사회에서 작동했던 가치 창출 방식이나 비즈니스 사업 모델부터 고용 시스템, 교육 시스템, 사회보장 시스템, 주거 시스템, 금융 시스템 등의 기능이 약화되었다. 예를 들어 탈공업화는 일자리 증가율의 하락 및 일자리 양극화 등 고용 시스템을 약화시키면서 금융화와 더불어 노동소득 비중의 저하 및 소득 불평등의 심화로 작용하였다. 내수 약화는 미국·영국·스페인 등에서 부채 주도 성장으로, 독일·일본·중국 등에서는 수출 주도 성장으로 이어졌고 그 결과가 '글로벌 불균형' 심화였다.

고용 시스템이 악화되면서 전통적으로 주택금융에 접근할 수 없었던, 낮은 신용등급의 저소득층에게 주택금융(서브프라임 모기지)을 지원[52]하면서 부채 주도 성장은 정점을 향해 치달았고, 그 결과로 과열된 주택시장은 금융위기로 귀결되었다. 부채는 미래 소득을 당겨쓰는 것을 의미하기에 고용안정성이 보장되지 않는 한 부채로 만들어진 주택시장 호황은 지속될 수가 없었다. 사실 미국에서 대공황 당시 도입된 장기 분할 상환 방식의 모기지 시스템은 당시 활력을 갖기 시작했던 중화학공업의 장기고용 체계와 깊은 관련이 있다. 즉 고용안정성이 보장되었기에 장기 분할 상환이 가능했던 것이다.

그러나 탈공업화와 더불어 고용안정성이 약화되고 일자리 창출 역량도 약화되면서 주택 소유율이 65% 전후에서 정체하자 전통적인 은행의 대출 기준으로는 대출을 받을 수 없었던 낮은 신용등급의 저소득층에 대해 주택금융을 지원하며 모기지 시스템의 불안정성과 취약성이 증대하였다. 즉 고용 시스템의 기능이 약화되며 안정적인 일자리와 관계없이 주택금융의 공급을 가능케 한 모기지 시스템의 일탈과 탈구는 다름 아닌 산업사회의 모기지 시스템과 탈공업화 간 불일치 문제였던

52 1990년대 클린턴 행정부에 의한 '국민주택 보유 증대 전략'과 2000년대 부시 행정부에 의한 '소유자사회' 추진이 그것이다.

것이다.

또한 탈공업화가 가속화된 21세기 접어들면서 자본집약적인 제조업 사업 모델과 다른 새로운 비즈니스 모델(예:아이디어집약적인 플랫폼 사업 모델)이 등장하였고 이로 인해 산업사회 교육 방식의 효과성이 크게 약화[080] 되면서 청년 일자리 문제가 악화되었다. 마찬가지로 21세기 들어 미국에서 예상과 달리 혁신이 사실상 실종된 배경도 R&D 주도의 산업 사회 혁신 방식이 아이디어집약적 산업에서는 효과가 없었기 때문이다.[53] 20세기 미국이 세계의 혁신을 주도하는 데 주도적 역할을 수행한 벨(Bell) 연구소, RCA 연구소, 제록스의 팍(PARC) 연구소, 나사(NASA), 미국 국방통신국(DARPA) 등이 과거보다 왜소해진 것은 죽어 버린 미국 혁신 모델의 현주소를 보여주는 상징이다. 이처럼 탈공업화가 가속화될수록 주요 시스템들의 기능이 약화되고, 이것이 주류경제학이 무력감을 보이는 배경이다.

둘째, 주류경제학은 기본적으로 국제관계의 주체로서 주권국가인

---

53 실제로 R&D 지출과 기업 성과 사이의 관계는 크게 약화되었다. 예를 들어 컨설팅 회사인 부즈앤 컴퍼니(Booz & Company)가 2005년부터 매년 전 세계에서 R&D 투자가 가장 많은 1,000개 상장회사를 조사한 결과 R&D 지출이나 특허 보유 건수는 기업 재무성과와 유의미한 상관관계를 갖지 못했다. R&D 지출이 많다거나 특허 보유 건수가 많다고 해서 기업 재무성과가 획기적으로 좋아지지는 않았다는 뜻이다. 실제로 재무성과가 업계 최고 중 하나인 애플의 매출액 대비 영업이익률과 매출액 대비 R&D 지출액의 비중을 보면 2011년에는 각각 31.2%와 2.24%(24.3억 달러), 2012년에는 각각 35.3%와 2.16%, 2013년에는 각각 28.7%와 2.62%, 2014년에는 각각 28.7%와 3.33%를 기록했다. 수익률과 R&D 지출액의 비중 간에 상관관계가 보이지 않을 뿐 아니라 오히려 역(−)의 관계까지 확인된다. 이는 2014년 분기별 실적에서도 확인된다. 1분기(2013년 12월말 기준) 영업이익률과 R&D 지출액의 비중은 각각 30.3%와 2.31%, 2분기는 각각 29.8%와 3.12%, 3분기에는 각각 27.5%와 4.28%, 4분기에는 각각 26.5%와 4.0%를 기록했다. 특히 애플의 수익률이 가장 높았던 2012년의 매출 대비 R&D 지출의 비중은 흔히 경쟁상대로 알려진 삼성전자의 1/3 수준에 불과했다. 삼성전자의 매출 대비 R&D 비중은 2010년 6.1%, 2011년 6.2%, 2012년 5.9%, 2013년 6.5%였다. 최배근, 『탈공업화와 시장시스템들의 붕괴 그리고 대변환』, 집문당, 2015, pp. 309~311.

국민국가에 기초한다. 주권국가는 다른 어떠한 국가의 권력에도 복종하지 않는 국가권력의 독립성을 의미하기에 국민국가의 경제적 공간인 국민경제와 관련하여 경제주권의 논리가 성립할 수 있다. 그러나 국제 금융시장의 통합에서 보듯이 세계경제가 하나의 네트워크가 된 상황에서 국민경제 간 상호의존 증대로 절대적인 경제주권의 확보는 현실적으로 불가능해졌다.

그런데 주류경제학에서는 경제정책의 독립성, 특히 통화정책의 독립성을 전제로 구성되어 있다. 게다가 국민국가는 민족주의로 번역되는 내셔널리즘의 침투와 함께 유럽 각국에 확산되고 자리 잡았기에 '민족국가'와 동의어로 사용되기도 한다. 그런데 민족주의는 태생적으로 배타적인 자민족 중심주의가 되기가 쉽듯이 경제정책을 운용할 때 자국의 이익만을 고려해서 결정할 수밖에 없다. 즉 국제 협력이나 공조의 필요성이 갈수록 증대할 정도로 경제정책의 동조화가 심화되고 있는 상황임에도 주류경제학은 여전히 개별 국민국가는 독립적으로 자국의 이익극대화를 추구할 수 있다고 가정하고 있다.

이처럼 근대는 막을 내린 지 오래되었는데 새로운 시대는 도래하지 않았다는 점에서 글로벌 금융위기는 해결된 것이 아니다. 실제로 부채 위기였던 금융위기가 발발한 지 10년이 넘는 시간이 흘렀음에도 금융위기의 근본 원인들은 하나도 해결된 것이 없다. 선진국 가계 부채의 상대적 규모(소득 대비 가계부채 비중)는 축소되었지만 정부와 중앙은행의 부채가 급증하였다. 낡은 부채를 새 부채로 대체했을 뿐 아니라 전체 부채는 더 크게 증가하였다. 그 이유는 주요 시스템들의 기능이 약화된 가운데 경제가 활력을 되찾고 있지 못하기 때문이다.

그 결과 소득 및 자산 불평등도 더 악화되었다. 금융위기 이전에는 정부 부채가 크지 않았기에 불평등을 조세 및 정부 이전으로 어느 정도 완화시킬 수 있었지만, 금융위기 이후에는 저성장 및 정부 부채 증가에 따른 재정 여력이 소진되어 소득재분배도 한계에 직면하고 있다. 따라서 '탈공업화 함정'과 '국민국가-국민경제 함정'에서 벗어날 수 있는 출구를 만들지 못하는 한 위기는 지속될 수밖에 없고, 이는 제2장에서 제시한 '이론의 빈곤'을 해결하는 과제이자 탈근대 및 탈공업화가 지향하는 대안의 정치경제 질서를 제시하는 과제이다. 따라서 제3장에서는 탈공업화 및 탈근대 이후 인류 세계가 지향하는 대안사회에 필요한 인간상과 정치경제 질서를 제시하고자 한다.

1. 사회혁신 없는 4차 산업혁명은 불가능

현재 화두가 되고 있는 4차 산업혁명에 대한 우리 사회의 이해는 매우 빈곤하다. 역사적으로 볼 때 산업혁명은 단순히 몇몇 산업이 갑자기 등장하는 형태가 아니라 사업모델, 사회의 생활방식과 규범(가치관), 제도와 법 등 사회혁신들(social innovations)의 커다란 변화가 발생할 때를 의미한다. 따라서 4차 산업혁명을 이해하려면 기술과 인간 그리고 사회의 관계를 이해할 필요가 있다.

기술진보는 산업체계의 변화를 가져오고, 나아가 새로운 산업이 요구하는 인간형 및 사회체계의 변화 등을 수반한다. 즉 작은 기술의 변화로 사회구조의 변화가 수반되지는 않지만 산업혁명과 같은 대규모의 비약적 기술 변화는 그에 상응하는 인간과 사회구조의 변화를 수반한다. 이른바 기술과 인간 그리고 사회구조의 공진화다. 예를 들어, 1차 산업혁명은 농업사회의 종언을 촉진했고 산업사회를 등장시켰다. 기계 장치와 동력이 집단적인 인간 노동을 대체함으로써 자연과 인간은 이러한 기계적 과정에 들어가는 투입물로 전락하였다. 그 결과 기계적 합리성과 수익 창출(막스 베버의 자본 회계 합리성)이 가치 창출에서 새로운 기준으로 등장했다. 또한 본래 상품이 될 수 없는 자연(토지)과 인간(노동력)의 상품화에 따라 농민운동 및 노동운동이라는 사회 저항을 유발했고 노동조합이라는 새로운 사회조직을 등장시켰다.

자연과 인간의 상품화에 따라 전통적 사회관계가 해체되고 그 자리는 자유계약과 자유방임 등 새로운 사회계약으로 메워졌다. 자유계약은 신분(status)에 기초한 봉건제 사회조직을 해체시켰다는 의미가 있지만, 다른 한편 인간을 사회적 관계(공동체)에서 분리시킴으로써 파편화된 개인으로 그리고 기업에게 소유될 수 있는 '노동 능력'으로 전락시켰다.

2차 산업혁명은 산업사회를 심화시키고 다양성 문제를 대두시켰다. 자연적 대상은 물리적·화학적 과정으로 분해하여 원하는 방향으로 재구성함으로써 생산방법의 효율화가 이루어졌고 그 과정에서 대량생산이 가능해졌다. 대량생산 체제는 산업의 리스크 관리에서 최종 소비재 시장의 안정적 확보를 중요한 문제로 등장시켰고, 대규모 시설투자의 필요에 따라 주식회사와 자본시장의 발달을 요구하였으며, 노동운동도 생산조직의 대규모화 및 작업장의 대형화에 따라 산업별 단체협상으로 진화할 필요가 있었다. 그 결과 자본주의 성격도 산업자본주의에서 독점자본주의로 진화했다. 즉 경제 운영에서 자유방임은 약화되고 계획의 필요성이 대두되었다.

그러나 생산성 향상에 따라 대다수 노동자를 구성했던 저숙련 노동자의 임금이 상승함으로써 중산층이 형성되기 시작했고 그에 따라 대량생산에 부응하는 대량소비도 가능케 되었다. 그리고 산업화와 대량생산 체제가 심화되면서 필수소비가 해결된 중산층이 확산되었고, 그 결과 소비의 다양화를 비롯해 각 분야에서 다양성의 문제가 대두하였다.

이처럼 1, 2차 산업혁명은 산업사회의 도래와 심화에 영향을 미쳤다. 반면 3, 4차 산업혁명은 산업사회의 해체와 새로운 사회의 도래를 전망하고 있다. 먼저 탈공업화와 더불어 1970년대부터 디지털 혁명이 주도한 3차 산업혁명은 네트워크화 및 다원화를 일상화시켰다. 그 결과 앞에서 살펴봤던 산업사회의 유산들은 근본적인 도전을 받게 되었다. 산업사회가 해체되며 실물과 금융 부문 간 균형이 무너졌고, 산업화 시대의 산물인 (고용 시스템, 국제통화시스템, 금융 시스템, 사회보장 시스템, 주거 시스템, 혁신 시스템, 교육 시스템 등) 주요 시스템들의 연속적 탈구가 진행되었다. 그 결과가 금융위기였고 지구적 경제위기다. 즉 3차 산업혁명은 산업사회를 해체시키고 새로운 사회로 이행을 알리는 서곡의 의미를 갖는다.

금융위기 이후 대부분의 국가에서 금융위기의 원인인 국가 전체의 부채와 소득 불평등이 더욱 심화되었고, 그 결과 위기 탈출의 출구를 다른 국가의 희생에서 찾는 등 국민국가 및 국민경제 함정의 늪에 깊이 빠져들고 있다. 제1장에서 살펴보았듯이 오늘날 주요 경제 이슈에 대해 주류경제학이 무력감을 보이고, 자유시장과 자유무역 그리고 사람들의 자유로운 이동 등 미국과 영국이 주도한 '세계화 전략'을 미국과 영국이 앞장서 폐기하는 배경이다.[081]

3차 산업혁명의 연장선에서 전개되는 4차 산업혁명은 탈공업화는 물론이고 산업사회의 해체를 가속화시키고 있을 뿐 아니라 사회혁신을 요구하고 있다. 실시간 초연결사회의 도래에 따라 폭발적으로 증가하는 데이터로 새로운 가치와 일자리를 만들지 않으면 사회공동체 지속이 불가능할 정도의 일자리 대충격과 최악의 초양극화를 피할 수 없기 때문이다. 즉 3, 4차 산업혁명은 부분과 부분, 부분과 전체 사이에 밀접한 관련을 증가시키며 인간과 사물 모든 것이 분할 상태로 존립할 수 없는 유기체임을 보여주는 반면, 산업사회의 유제(遺制)와 자본주의는 사회공동체를 파편화시키고 있는 것이다. 이른바 새로운 기술들과 기존 사회체계 간의 비대칭성 문제인 것이다. 따라서 새로운 기술 변화에 부합하는 사회체계를 만드는 것은 시급한 일이다.

2. 호모 이코노미쿠스에서 호모 데우스로

"진보는 자연스러운 분화와 복잡성의 증가 경향에서 비롯한다."는 허버트 스펜서(Herbert Spencer, 『진보의 법칙과 원인(Progress:Its Law and Cause)』, 1857))의 주장을 빌리지 않더라도 인류 역사를 보면 사회와 경제 등 모든 분야는 연속적인 분화를 통해 단순한 것에서 복잡한 것으로 진화하는 모습을 동일하게 보여왔다.

그러나 진화의 과정은 이와 더불어 상호 의존성의 증대도 주요 특성임을 보여주고 있다. 오늘날 경제의 복잡도와 상호 의존성이 2세기 전보다 얼마나 커졌는가를 보면 쉽게 이해된다. 우리가 말하는 세계화 현상 자체가 국가들 사이의 상호 의존성 증가와 전반적인 경제적 복잡도의 증가를 의미한다. 예를 들어 애덤 스미스가 『국부론(An Inquiry into the Nature and Causes of the Wealth of Nations)』(1776)에서 언급한 양모 코트가 양치기, 양모를 선별하는 사람, 양모를 빗는 사람, 염색하는 사람, 얼레빗질하는 사람, 실을 잣는 사람, 옷감을 짜는 사람, 천을 바래고 다듬는 사람, 옷을 만드는 사람 등 서로 다른 기술을 가진 대량의 노동자들의 협동을 통해 생산되었음에도 세계 31개국에 786개 공급업체를 두고 있는 아이폰 생산과 비교하면 단순한 생산 제품이다.[082] 마찬가지로 오늘날에는 가장 협력적이며 가장 높은 복잡도를 내재한 활동을 성공적으로 수행하는 기업이 기술적 우위와 혁신 역량을 유지하고 있음을 보여준다.

다른 한편 복잡성의 증대는 진위의 구별 문제, 즉 신뢰의 문제를 제기한다. 복잡성의 증대로 비인격적인 시장은 공정한 분배에서 신뢰도를 유지하지 못하고 있고, 중앙집권화된 정부는 기여에 대한 보상을 제대로 수행하지 못하고 있다. 산업사회와 익명화된 시장에서 신뢰 문제는 '브랜드'로 해결하였다. 즉 브랜드는 "돈보다 본질적이고, 시장보다 오래 지속되는 품질, 진실성을 제도화한 것으로, 인간이 오늘날의 발전된 산업 경제에서 복잡도를 다루는 주된 방법"(Auerswald, 2018:266)이었다.

그러나 산업 경제에서 무형재 경제로 이동하면서 브랜드는 인증과 조회의 알고리즘 시스템으로 전환되고 있다. "사람들은 등록하는 사람이 통제한다"는 표현이 있듯이 디지털 플랫폼은 사용자들에 ID를 부여하고 새로운 가치를 낳는 자원(데이터)에 접근할 수 있는 자격을 독점하는 등 민주적 감독을 거의 받지 않고 엄청난 권력을 행사한다.[083] 제2장의 〈대안 8〉에서 지적한 '플랫폼 독점'과 관련된 것이다.

먼저 플랫폼 독점의 위험은 제2장의 〈이슈 8〉에서 제기한 인증 및 검증 시스템의 완전성 문제뿐만 아니라 분배의 공정성 문제를 갖는다. 즉 복잡성과 상호 의존성이 증가된 경제에서 네트워크 내 모든 에너지를 어떻게 조직해서 참여자들이 기여에 따른 공정한 보상을 받게 할 것인가 하는 문제가 제기된다. 이런 점에서 검증의 권한을 사용자에게 되돌려주는 블록체인은 중요한 의미를 갖는다. 익명화된 복잡한 세상에서 신뢰 문제를 기술적으로 해결해주기 때문이다. 즉 블록체인 기반의 플랫폼은 기여에 따른 공정성을 내세우는 익명화된 시장과 신뢰도를 내세우는 중앙집권화된 정부의 한계를 동시에 해결할 수 있다. 그리고 P2P 플랫폼인 블록체인은 이익 공유에 기반을 둔 조직이라는 점에서 사람들과 함께 만들고 공유하는 전통적인 농업 중심 경제와 유사하다. 반면 중요한 차이는 21세기 사람들은 전례가 없는 속도로 새롭고 다양한 생계수단을 창출할 수 있는 협력체계에 있다는 점이다.[084]

자동차 공유회사인 집카(Zipcar)의 공동 창립자인 로빈 체이스(Robin Chase)는 P2P 플랫폼에서 동료(peer)와 회사(Inc.)의 관계를 설명하면서 P2P 플랫폼에 기반한 회사는 동료에게 기여의 동기를 부여할 때 번영하는 대신, 동료에게 적절한 보상을 하지 않고 그들의 기여를 가치 있게 여기지 않고 동료의 잠재력에 투자하지 않는 회사는 결국 실패할 것이라고 지적한 바가 있다.[085]

그러나 이러한 지적은 P2P 플랫폼이나 블록체인 플랫폼의 잠재력을 의미할 뿐 형평을 보장하지는 못한다. 즉 P2P나 블록체인 플랫폼은 개인의 독단적인 힘을 감소시키고 동시에 그룹의 집단적 역량을 강화시킨다는 점에서 포괄성과 민주성을 기술적으로 진전시켰지만 형평성 강화로 이어지기 위해서는 플랫폼 참여자들의 '자치 역량'이 요구된다.

플랫폼 참여자들의 자치 역량 확보는 기술의 융ㆍ복합성과 인공지능의 진화 가능성 등을 주어진 조건으로 고려해야 할 뿐 아니라 새로운 자원인 데이터 활용을 통해 가치 창출을 해야 하는 과제를 해결할 때 가능하다. 즉 기술의 융ㆍ복합성은 혼자서는 문제를 해결할 수 없음을 의미하며, 인공지능의 진화 가능성은 지식 전수 위주 교육으로는 더 이상 가치 창출에 기여할 수 없음을 의미한다.

앞에서 지적했듯이 오늘날 많은 교육자들이 21세기의 기술로 흔히

'4C' 역량—비판적 사고, 소통, 협력, 창의성—을 지적하는 배경이다. 이는 3, 4차 산업혁명이 만들어내는 경제가 정례화된 업무(routine tasks)를 수행하는 것이 아닌 새로운 가치를 끊임없이 만들어내는, 즉 새로운 레시피를 찾는 능력을 요구하기 때문이다. 물론, '4C' 역량은 지금까지 없던 새로운 역량을 개발하는 문제가 아니다. 인간이 지금까지 유지, 발전시켜온 사회와 공동체 자체가 창의적인 협력과 공동작업의 산물이라는 점에서 인간에게 잠재된 역량의 복원 정도로 표현하는 것이 적합할 것 같다.

그럼에도 지난 수세기 산업사회가 요구한 역량은 '4C' 역량과는 거리가 먼 것이었기에 인간형의 변화가 요구된다. 예를 들어, 경쟁에 기초해 개인 각자의 합리적 선택을 추구하는 산업사회의 '호모 이코노미쿠스(homo economicus) 인간형'은 모든 것이 연결되기에 협력과 공유에 기초한 호혜적 선택이 최적화를 만들어내는 네트워크 경제에서는 적합하지 않다. 즉 협력은 타인의 이익을 보장해주어야만 자신의 이익 추구가 가능한 것을 의미하기에 개인의 이기적 경제행위(self-interest, Adam Smith)나 개인의 이기적 성공 노력(Self Help, Samuel Smiles)은 의미를 상실한다. 기업의 경우에도 핵심역량조차 아웃소싱이 가능하고 필요한 상황에서 전략적 자원 보유를 기준으로 한 기업경영론(Resource-Based View)은 의미를 상실한다.

협력과 공유에 기초한 호혜적 선택이 일상화된다는 것은 타인의 이익을 배려·보장해야만 자신의 이익 추구가 가능한 '이타자리(利他自利) 인간형'이 '호모 이코노미쿠스(homo economicus) 인간형'을 대체함을 의미한다. 그리고 협력은 호혜적일 수밖에 없기에 남의 지배나 구속을 받지 않고 자기 마음대로 하는 자유보다 자기 스스로 자신을 통제하여 절제하는 '자율'을 요구한다.[086] 즉 경제활동의 조직에 있어서 비판적 사고, 소통, 협력, 창의성 등이 중요하고, 정해진 매뉴얼이 있을 수 없는 4차 산업혁명 상황에서 산업사회의 규범인 순응성(conformity)이라는 성격은 장점(virtue)은커녕 중요한 결점(vice)이 될 수밖에 없다.

일정한 인생 주기가 짜여져 있고 이를 국가와 사회가 각종 제도와 장치로 보장하면서 또 강제하던 예전의 사회는 급속하게 사라지고 있다. 즉 산업사회에서 대중들은 엘리트의 관료적 지배에 대해 순응하는 성격을 내면화하였다. 여기서 의식의 내면화란 엘리트의 명령뿐만 아니라 명시적, 암묵적으로 합의된 전체의 규범에 대해 거부하거나 심지어 비판적인 견해를 표출하는 것도 모두 위험하거나 심지어 혐오스런 일로 여겨지게 되는 것이다. 이러한 인간관의 기초는 다시 엘리트의 전문성과 그들 지식의 과학성에 대한 맹목적인 신념과 연결된다. 즉 산업사회에서 발생하는 모든 상황과 문제에 대해서는 가장 과학적인 유일하게 옳은 해법이 존재하며, 이를 정확하게 알고서 처방할 줄 아는 것이 엘리트 상층 권력의 기초라는 것이다.

따라서 이에 순응하지 않고 스스로의 행동과 생각을 펼치고 고집하는 것은 비효율적일 뿐만 아니라 합리적이지도 못한 일이다. 요컨대, 인생과 삶의 여러 문제를 포함한 인간 만사에는 정해진 매뉴얼이 있으며, 이를 작성하고 시행하는 엘리트와 시스템의 명령에 따르는 것이 효율적일 뿐만 아니라 규범적으로도 옳다는 생각이다. 그러나 오늘날

에는 예전처럼 획일적인 패턴의 생활방식이 보장되거나 강제되는 것이 불가능한 상황이다. [087]

이러한 상황에서는 "그 반대인 자치와 자율, 즉 스스로 삶과 행동의 질서를 만들어내고 이를 스스로에게 부여한다"는 원리가 개인과 집단의 삶을 규정하는 원칙이 될 수밖에 없다. 엘리트의 권위를 인정하고 그에 무비판적으로 순응하는 인간이 아니라, 모든 기존의 매뉴얼과 원리들을 근본적으로 따져보고 자기의 견해를 마련하여 이에 기초하여 스스로의 삶을 조직해나갈 수 있는 인간이 필요한 것이다." [088]

이처럼 사회가 세운 법의 범위 안에서 남의 지배나 구속을 받지 않고 자기 마음대로 하는 '자유'와 달리 '자율'은 자신이 만든 삶과 행동의 질서(준칙)가 보편적 법칙과 일치할 수 있게 하는 것이다. 즉 '자율'은 개인 의지의 준칙인 동시에 보편적 법칙의 원리로 타당한 행위 규범으로 (개인과 전체가 다 같이 사는) '개전쌍전(個全雙全)'이나 (하나는 전체이고, 전체는 하나라는) '일즉다, 다즉일(一卽多, 多卽一)' 사상에 기초한다.

자율에 기초한 행위 규범은 개인 정보와 사생활 침해에 대한 우려, 공유경제가 범죄에 악용되는 문제, 그리고 인공지능 시대의 도래로 제기되는 소프트웨어 개발자의 윤리적 책임 문제 등의 해결부터 협력의 원리로 사회와 경제 등을 운영할 때 발생 가능한 무임승차 문제나 집단행동의 딜레마 등까지 해결해줌으로써 네트워크의 지속에 필요한 신뢰 확보를 가능케 한다.

'자율형 인간'은 개인과 인간이 자신이 살아가는 사회와 자신이 속한 자연생태계와 공진화를 추구한다는 점에서 서양식으로 표현하면 '호모 데우스(Homo Deus) 인간형'이다. 즉 '자율형 인간'은 수동적인 쾌락에 길들여 있는 삶을 행복으로 받아들이고 순응성, 개인화 등을 특징으로 하는 산업사회의 '호모 이코노미쿠스'가 아니라, 스스로의 정신과 육체에 잠재적으로 내재해 있는 무수한 욕구와 능력의 가능성들을 발견하고 또 개발해나가는 에우다이모니아(eudaimonia)의 삶을 행복으로 여기는 인간형이기 때문이다. [089]

인공지능 분야의 선구자로 '제한된 합리성(bounded rationality)'에 대한 연구 기여로 1978년 노벨경제학상을 받은 허버트 사이먼(Herbert Simon)이 일찍이 "컴퓨터가 인간을 모방할 수 있게 되면서 인간의 정체성에 대한 사고방식이 변화할 것"[090]이라고 지적한 배경이다. 그리하여 일부에서는 최저소득에 대한 보장뿐만 아니라 '최소 목적'의 추구를 보장해야 한다고 주장한다. [091] 여기에서 '목적'이란 일을 통해 다른 사람들과 관계를 맺고 의미 있는 기여를 할 기회를 의미한다. 즉 디지털로 인해 일의 분기(分岐)에 직면한 현대 사회에서 대두된 가장 중요한 문제는 의미 있는 일의 기회가 미래에도 존재하느냐도 아니고, 의미 있는 일의 기회가 어떻게 보상을 받는가도 아니다. 우리가 창조하고 공유하는 것들에 우리가 어떻게 가치를 매기느냐에 대한 것이라고 주장한다.

예를 들어 농장 직송 재료를 이용하는 레스토랑, 집에서 받는 의료 서비스, P2P 코칭(coaching), 라이브 공연 등 인간적인 가치를 창출하는 모든 것에 대한 재평가가 필요하다는 것이다. 그리고 블록체인 플랫폼이 체계화되면 광범위한 사람들에게 최저소득과 최소목적의 보장이 가능할 것이라고 주장한다. 이러한 주장은 지금까지 소비와 물질적 결핍에 초점을 맞추어온 경제학 관점에서는 매우 낯설다.

그러나 경제가 점차 생산과 알고리즘적 풍요에 의해 주도되고 있는 상황에서 인간은 더 이상 소비만을 위해서 창조 활동을 하지 않고, 인간의 잠재력이 세상에서 실현되는 것을 보기 위해서 창조 활동을 하게 될 가능성을 배제할 수 없다. 문제는 디지털화로 인한 일자리의 분기로 자동화될 수 있는 일자리에서 얻을 수 있는 보상이 대부분 아주 적어지는 반면, 보편적인 행복으로 가기 위해서는 인간화된 일에 대한 재규정이 필요하다는 것이다.

최저소득과 최소 목적은 궁극적으로 추구할 목표가 될 수 있겠지만 현실적으로 이른 시일 내에 실현되기는 어렵다. 물론 최저소득과 최소 목적의 보장은 '호모 데우스(Homo Deus) 인간형'의 사회에 부합하지만, '개전쌍전(個全雙全)' 사상이 사회의 지배 이념형이 되어야만 가능할 수 있을 것이다. 오히려 '소득'과 '목적'의 추구를 일치시킬 수 있는 역량, 즉 인공지능이 할 수 없는 가치 창출 역량을 가질 수 있는 인간을 만드는 것이 필요하다.

이는 앞에서 지적한 블록체인 플랫폼의 참여자가 자치 역량을 갖는 것과 일치한다. 즉 블록체인 생태계 확산에 따라 플랫폼 및 데이터 독점 문제는 완화될 가능성이 있는 반면, 플랫폼 참여자들이 데이터를 활용하여 새로운 가치와 일자리를 창출할 수 있어야만 한다. 따라서 새로운 자원인 데이터 활용을 통해 가치 창출을 하려면 데이터 접근이 보장되어야 하고, 문제를 찾아내고 다른 사람과 협력을 통해 문제를 해결할 수 있는 역량이 필요하다.

문제를 찾아내는 역량은 창의성, 통찰력 등과 관련이 있고, 이것은 자신이 좋아하고 잘하는 일을 할 때 발현될 가능성이 높다. 또한 기술의 융·복합성은 다양한 분야의 기술 결합을 요구하기에 사회(형)성 기술(social skills)이 절대적이다. 다른 사람이 가진 자원과 공유와 협력 없이는 문제해결(가치 창출)이 불가능하기 때문이다. 이러한 역량을 갖춘 인간을 만들기 위해서 교육 방식의 혁명적 변화는 불가피하다.

산업화가 가속화된 20세기는 '인적자본[54]의 세기'로 부를 정도로 개인의 교육이나 훈련이 중요하였다. 그러나 산업사회에서는 표준화된 생산품의 장기적인 판매를 목적으로 생산하는 대량생산을 위해 작업과정의 세분화, 동일한 노동의 반복, 그리고 노동 시간의 흐름에 비례해서 업무가 익숙해지는 '숙련(skills)'이 강조되었기 때문에 교육은 교육 기간 내 유형화된 지식의 습득, 즉 획일화와 표준화에 초점을 맞추었다. 대량생산이 규모의 경제와 저가 제품을 제공하는 능력으로 연결되면서, 즉 제품 및 서비스가 표준화되면서 노동력에게 요구되는 지식도 표준화를 요구받았기 때문이다. 정규교육과 훈련에서 '표준'이 주요 내용이 된 배경이다. 지식이 표준화되어야 정규교육이 쉬워지기 때문이다.

그러나 3, 4차 산업혁명이 가져온 새로운 기술은 아이디어에서 시작되기에 표준화된 지식은 의미를 상실한다. 정형적되고 정례적인 업무

---

[54] 교육이나 훈련에 대한 개인의 투자를 기계나 공장 등에 대한 기업의 투자와 동일하게 자본으로 보는 개념

는 코드화될 수 있기 때문이다. 알고리즘에 가장 쉽게 영향을 받는 작업은 컴퓨터에 의해 대체될 수밖에 없다는 사실이다. 인간 노동력은 알고리즘에 가장 저항력이 큰 작업을 수행할 수밖에 없음을 의미한다. 지금까지 컴퓨터 자본은 정례적이고 반복적인 업무 활동을 대체한 반면, 비정형적·비정례적인 문제해결 업무와 상호작용 업무를 수반하는 활동을 지원해왔다. 즉 쉽게 코드화할 수 있는 정례적인 과제와 업무는 컴퓨터에 의해 대체될 것이다.

이는 20세기의 진보를 뒷받침한 고등학교와 대학교의 위기를 의미한다. "대부분의 사람들은 정규교육의 대부분을 20대 초반에 마치고 수십 년을 거기에 의존하려고 마음먹는다. …… 그러나 컴퓨터는 사람이 고등학교와 대학교에서 얻게 되는 지식의 대부분을 몇 초 만에 익힐 수 있으며 한 인간의 생애가 지나기 전에 새로운 세대의 컴퓨터와 로봇들이 쏟아져 나오면서 기하급수적인 속도로 발전할 것이다. …… 문제는 대학이 이러한 변화에 대한 준비를 아직 갖추지 못하고 있다는 사실이다. 결국, 교육은 이러한 정보기술의 발전에 적응해야만 할 것"이라는 로버트 실러(Shiller, 2013년 노벨경제학상 수상)[092]의 지적대로 정규교육은 더 이상 이전처럼 경제적 안정을 보장해주지 못한다. 젊은 시절 교육에 단 한 번 투자하면 삶이 끝날 때까지 보상을 누릴 수 있다는, 즉 교육을 받고 일하다가 은퇴한다는 교육 관점과 일자리 모델은 막을 내렸다.

경력과 평생 고용(life employment)의 시대가 막을 내린 지 오래고 평생 일할 능력(life employability)의 보장이 필요해진 배경이다. 과거에는 경제가 제조업에 기반해 있었고 세계 경제는 제조업 분야의 거대 국제기업들이 지배하였지만, 제조업에서 데이터 및 아이디어집약적 경제로 전환하면서 네트워크로 연결된 테크놀로지 거대 기업들이 지배하고 비즈니스의 성격도 변화되고 있다.

인간이 더 이상 자동차 제조업과 같은 한 가지 일에만 헌신하도록 놔두지 않고 대신 프로젝트 기반의 일이 증가하고 있는 것이다. 기업은 프로젝트를 수행하기 위해 노동자를 계약 형태로 쓰게 되고, 영구적인 일자리보다는 단기적이고 임시적인 형태의 일이 증가한다. 그 결과 노동자들도 한 직업에서 다른 직업으로, 한 회사에서 다른 회사로 옮겨갈 수 있는 기술과 자원을 가져야만 하는 상황이 도래하고 있다.

기술 변화 속도가 빨라지고, 기술 및 상품에 대한 복제와 모방이 용이해지면서 상품의 라이프 사이클이 짧아지는 상황에서 요구되는 역량은 다음과 같다. 기본적으로 빠르게 변화하는 시대에 적응하려면 항상 배우려는 자세를 가져야 하기에 자신이 수행하는 업무에 강한 흥미를 가져야 하고, 새로운 가치를 만들어내기 위해서는 인간과 사회의 요구나 필요에 대한 이해가 필요하다. 그리고 인간과 사회의 요구와 필요를 해결하기 위해 기계에 대해 지식과 경험이 있는 전문가인 엔지니어(engineer)나 기계를 다루는 기술 관련 전문가인 테크니션(technician)이 아니더라도 기술을 활용할 수 있을 정도의 이해를 갖고 있어야 한다. 또한 자신의 아이디어를 구현하기 위해 자신이 갖지 못한 기술 및 자원을 가진 다른 사람과 협력할 수 있는 역량이 필요하다.

지금까지 존재하지도 않은 가치와 일자리를 목표로 해야 하기에 새로운 레시피를 시도하고, 실수로부터 배울 수 있기에 실수를 두려워하지 말고 무엇보다 즐길 수 있게 하는 교육과 훈련이 필요하다. 글로벌 기업이 찾는 인재상이나 '4c' 역량, 그리고 글로벌 기업의 작업 환경 등도 이런 배경과 관련이 있다. 네트워크 사회에서 교육이 교감성(associability)을 갖춘 '자율형 인간'을 만들어내는 데 초점을 맞추어야 하는 이유이다. 구체적으로는 개인에게 잠재되어 있는 여러 욕구와 능력의 가능성을 스스로 찾아 발현하는 적극적인 존재가 되도록, 그리고 다양한 종류의 인간적 및 사회적 관계 형성에 참여할 뿐만 아니라 자신의 필요와 구상에 따라 그것을 제안하고 능동적으로 구성해나갈 수 있는 능력을 가진 존재로 만들어야 한다. 이는 산업사회의 혼자만 잘하면 되는, 파편화된 개인의 삶과는 대조적이다.

이처럼 3, 4차 산업혁명 및 자동화에 따른 '일자리 대충격'과 고용의 질 악화 등을 방지하고, 나아가 생산성의 개선을 사회 전체가 공유하려면 자아발전의 행복관, 자율성, 교감 역량 등을 갖춘 '자율형 인간'을 만들어야 한다. 그리고 이를 위해 교육의 관점은 모든 사람들이 자신이 좋아하는 것에 대한 관심을 발전시킬 수 있는 배우기-즐기기와 더불어 사람 및 세상의 변화에 대한 이해, 차이와 다양성의 중요성에 대한 이해 등에 맞추어야 한다.

구체적으로는 교육을 모든 시민들에게 보편적으로 제공하는 공공서비스 영역으로 흡수해야 하고, 모든 사람들이 독자적인 컬러(차이)를 갖기 위해 배우기 과정이 '즐기기 활동'이 되어야 한다. 3D 프린터와 소프트웨어 활용이 모두에게 열렸기에 누구나 제작 기회에 접근할 수 있게 해주는 만들기 능력을 배양시켜야 하고, 다른 사람과의 협력을 통

해 문제를 해결하는 역량을 갖기 위해 '만나기 능력'을 함양시키는 데 초점을 맞추어야 한다.[093]

특히, 학생들이 대학을 졸업할 때까지 자신이 무엇을 좋아하는지 모르며 공부하고, 경쟁을 통한 학력[55] 향상에 매몰되어 있는 한국의 교육 시스템은 4차 산업혁명 시대의 부적응자를 양산하고 있을 뿐 아니라 학교와 직장 등 사회를 '승자독식' 및 '제로섬 게임'의 사회로 만들고 있다는 점에서 '교육혁명'이 시급하다.

---

55 학교나 여타 교육기관에서 일정 기간 특정 교과목을 학습해서 얻은 지식 · 기능의 양이나 정도

3. 자율민주주의 : 자유민주주의와 인민민주주의를 넘어

협동 역량을 경쟁해야 하는 시대에는 국가도 시민사회 혹은 공동체와 함께 공공서비스를 디자인하고 집행하는 '호혜적 국가'로 진화해야 한다. 정교해지는 관료사회 및 대의제의 한계로 인해 주권자의 소외와 대표성의 위기에 직면함으로써 현대 복지국가가 설정한, "'국가'는 공공서비스의 제공자, '시민'은 공공서비스의 사용자"라는 이분 체제가 제대로 작동하지 않기 때문이다.[56]

한편으로는 국가의 지위를 또 다른 자본으로 활용하는 관료주의와, 다른 한편으로는 자본의 시장 지배력이 강화되고 인간에 의한 인간 억압과 지배라는 위계제가 심화되는 상황에서 전통적 방식인 국가에 의한 재분배로는 복지국가의 강화가 어렵기 때문이다. 따라서 이기적 개인을 다수결로 '지배'하는 사회 운영 방식을 넘어 호혜성을 발현시키는 새로운 민주주의를 요구한다. '미국의 민주주의'를 쓴 토크빌(Alexis Tocqueville)은 일찍이 민주주의가 단순한 대중의 지배 이상이 되려면 민주적 상호부조의 정신(Democratic Mutual Aid Spirit)이 있어야 한다고 보았

---

[56] 예를 들어, 영화 '나, 다니엘 브레이크(I, Daniel Blake, 켄 로치 감독, 2016년 칸 영화제 황금종려상)'의 배경은 영국 뉴카슬(Newcastle)이다. 심장 이상으로 목수 일을 할 수 없는 처지인데도 그의 질병급여 신청은 반려된다. 복지국가는 의학적 소견도 아닌 까다로운 급여 신청 서류와 점수로 다니엘을 평가한다. 실업급여도 마찬가지다. 국가는 '편리한' 인터넷으로 서류를 제출하라지만 그는 컴퓨터를 다룰 줄 모른다. 사회계약은 작동하지 않았다. 오히려 그를 돕는 이는 쓰레기도 버릴 줄 모르는 밀수꾼 옆집 청년이었다. 전열비가 밀려 가구까지 다 처분해야 했던 다니엘 역시 주거비 비싼 런던에서 잉글랜드 북쪽 끄트머리 뉴카슬까지 밀려난 케이티와 그 아이들을 돕는다. 영화는 제도와 규정으로 틀에 박힌 행정과 이웃과 시민의 상식적 연대를 대조시킨다. 유·불리의 계산 없이 인간 존엄과 생명을 지켜주려 한 것은 수십 년 세금을 바친 복지국가가 아니라 이웃이었다.

다. 이에 반해 자유민주주의는 과도한 개인주의로 빠지고 국가에 대한 수동적 자세, 정치적 무관심을 낳는다고 비판한다. 즉 협동할 줄 아는 새로운 민주주의는 이미 오래전에 토크빌이 간파한 민주주의 본래 정신을 되살리는 것이다.

문제는 협력이 일상화되기 위해서는 집단행동의 딜레마를 해결해야만 한다. 개인이 공동이익을 추구하기 위해 집단행동을 할 때 자신의 사익을 추구하기 위해 일탈적 행동을 하거나 무임승차 하려는 성향을 보이기 때문이다. 이러한 무임승차 성향으로 인해 공공의 문제해결을 위한 자발적 공동체 형성이 어려우며, 구성원의 자발적 협력 노력이 이루어지기 어렵다.

집단행동의 딜레마에 대한 해법은 세 가지로 요약된다. 첫째, 정부 개입 및 규제에 의한 해결 방식이다. 예컨대 소비자 집단의 집단행동의 딜레마 문제를 해결하기 위해 정부가 소비자 문제에 개입하여 공급자인 기업을 규제하게 된다. 문제는 정부의 개입(규제), 즉 대리인인 정부가 집단행동의 딜레마에 놓여 있는 잠재 집단의 공통된 이익을 충실히 대변할 수 있는가 하는 점이다.

이러한 문제해결을 위해 '사회적 자본(social capital)'론과 신제도주의 해법이 제시되었다. 먼저 공동의 문제해결을 위해 협력을 가능하게 하는 사회 구성원 간의 신뢰, 사회적 연결망, 호혜적 규범, 연대 등을 의미하는 '사회적 자본'의 축적으로 집단행동의 딜레마를 해결할 수 있다는 주장이다.

그러나 사회적 자본론도 몇 가지 한계를 갖는다. 첫째는 공동의 목표나 이익을 추구하기 위하여 적극적으로 참여하고 상호 신뢰하고 협력하는 협력적 네트워크 형성을 전제로 하는데 개인주의가 만연된 문화 또는 사회에서는 신뢰를 바탕으로 하는 자발적 참여와 네트워크 형성이 현실적으로 쉽지 않다는 점이다. 둘째는 강력한 네트워크 형성이 외부자의 배제, 사회 전체 통합의 저해 등 부작용을 초래함으로써 보다 넓은 범위의 공공 이해를 등한시하고 집단의 이익만을 강조하는 배타성을 추구하게 될 가능성, 즉 집단 이기주의를 야기할 수 있다는 점이다. 셋째는 집단 내 개인들의 행동이나 선택을 제한함으로써 개인의 자발성을 약화시키고 개인적 자유의 제한을 초래할 뿐만 아니라 집단에 의해 이루어지는 강제력을 정당화할 가능성이 있다는 점이다.

이에 반해 신제도주의는 (개인 간 협력을 촉진하고 또한 합의를 지탱할 수 있도록 하는 행위자들 간의 사전적 약속인) '제도'의 창조를 통해 개인의 행위를 구조화시킬 수 있기에 집단행동의 딜레마 문제를 해결할 수 있다고 주장한다. 즉 행위자들이 집합적으로 더 나은 결과를 낳는 행동 혹은 대안을 선택하지 않는 이유를 행동을 하도록 강제하는 제도적 장치가 존재하지 않기 때문이라고 본 것이다.

문제는 새로 도입된 제도가 가져올 공동체 전체에 파급되는 편익이 제도 설계와 유지에 소요되는 비용보다 크다고 해서 개인적 편익이 제도 설계 및 유지에 소요되는 개인적 비용보다 당연히 크다는 보장이 없다는 점이다. 즉 개인적 차원에서는 비용이 편익보다 클 경우 합리적 개인은 공동체 전체에 미치는 편익이 아니라 개인의 편익이 개인의 비용보다 커야만 제도 설계 및 유지에 참여한다. 따라서 제도의 설계를 통한 집단행동 딜레마 문제의 해결은 공익 범주 내에서 개인의 자유와 사익을 추구하고 공동체의 구성원으로서 책임의식을 갖는 자율적 행위자를 상정할 때만이 가능하다.

이처럼 집단행동의 딜레마를 해결하기 위해서는 개인주의, 개인적 자유의 제한, 공동체 구성원으로서 개인의 책임의식 등을 해결할 수밖에 없다는 점에서 앞에서 소개한 '자율형 인간'에 조응하는 정치 체제로서 민주주의의 재구성이 필요하다. 다행히 무형재 경제는 협력과 네트워크, 관계의 지속이 개인의 이익극대화에 부합하기에 협력과 관계의 지속을 불가능하게 하는 무임승차의 문제가 발생할 가능성은 낮다. 즉 기회주의 태도의 잠재적 이득은 협력이 중단되면 소멸하기에 협력은 하나의 규칙이자 규범으로 정착될 수밖에 없다.[094] 그러나 한편으로 자발적 참여와 네트워크 형성을 어렵게 하는 개인주의 만연을 해결해야 하고, 다른 한편으로는 강력한 네트워크 형성 시 개인의 자발성 약화나 개인적 자유의 제한 문제를 해결해야 한다.

먼저 개인주의는 경쟁 원리에 기초한 자본주의와 산업화를 가장 먼저 이룩한 영국의 역사 및 문화 배경과 깊은 관계가 있다. 영국에서는 중세 이후 권력의 분산화 속에 자치도시의 발달 그리고 그에 따른 '자본주의식 산업화'에 필요한 토지와 노동의 상품화가 진행되는 과정에서 개인주의가 자연스럽게 성장하였다.[57] 즉 토지가 인간으로부터 분리되면서 생계수단을 상실한 생산자 인간은 노동을 팔아 생계를 유지

---

57 토지의 상품화는 자본축적의 출발점이 된 반면, 임금노동은 자본축적을 구조화시켰다는 점에서 자본주의식 산업화의 중요한 요인이 되었다.

하는 존재로 전락할 수밖에 없었고, 공동체적 연대와 삶의 양식은 원자화된 개인으로 변질되었다. 그 결과 가족관계나 소유제 등의 변화도 수반되었다. 생산과 소비가 분리되지 않았던 전통적인 자연경제가 시장 영역의 확장에 의해 부식되는 과정은 사회 단위가 집단에서 개인으로, 폭넓은 범위의 가족관계에서 개인주의적 가족 시스템으로, 그리고 공동적이고 제한적이고 조건부적인 소유제에서 개인적이고 절대적인 소유제 등으로 이행하는 과정이었다.

개인주의는 영국의 사상과 정치경제 체제 등 모든 분야에 영향을 미쳤다. 토지에 긴박되었던 중세 농민을 토지로부터 분리시켜야 산업화에 필요한 임금 노동자가 공급될 수 있었기에 신분해방이 필요하였다. 경제가 시장만에 의해 통제, 조절, 지시되는 '자기조정적 시장 시스템'이 정치적 자유의 원칙, 즉 '자유민주주의'와 결합되어 있는 이유도 경제적 자유주의가 작동하기 위해서는 정치적 자유의 원칙이 불가피했기 때문이다.[095] 또한 자유주의는 소유권의 배타적 특성도 규정하였다. 사람은 태어나면서부터 자유로운 존재라는 자연권을 전제로 하는 자유주의에서 인간은 그 어떠한 권력으로부터 침해받지 아니하는 천부적 권리를 가지고 있으며, 그때그때의 선호에 따라 그리고 자신의 독자적인 선택에 따라 이 권리를 행사하는 데 누구의 간섭이나 제한을 받지 아니한다.

로크(Locke)는 인간의 신체에 대한 절대적 권리를 그 신체적 활동의 결과로서 획득되는 물건에 대한 지배로 유추, 확장시켰다. 즉 자유주의 재산권 개념이 인간이 그의 외부에 있는 어떠한 것에 대한 절대적 지배를 행사하는 것으로 이해하는 이유다. 자유주의에서 국가를 재산권의 보호자 또는 그 침해에 대한 처벌을 대행하는 기관으로 규정하는 이유도 소유권을 절대적 권리로 간주하기 때문이다.[096]

인간의 불가침적 지위를 재산에 유추, 적용함으로써 재산을 매개로 한 인간의 인간에 대한 지배가 가능해지고, 인간의 자연적 권리와 천부적 권리를 옹호하는 자유주의가 인간에 의한 인간 억압과 지배라는 위계제를 만들어낸 이유다. 자유민주주의 정치체제가 과도한 사적 소유권 행사를 공공 필요성으로 제한시키고 있음에도 위계제는 공적의제를 독점한 선출된 대표자들이 인민의 뜻과 유리된, 심지어 인민의 이해에 배치된 입법 활동을 보여주듯이 대의제와 민주주의 사이의 근본적 모순으로 재생산될 수밖에 없다. 이처럼 자유민주주의는 개인주의, 배타적 소유권, 위계제 등을 특성으로 한다는 점에서 협력과 공유를 특성으로 하는 네트워크 경제에 적합하지 않다.

마찬가지로 민주주의 증진, 가치 공유국에 대한 지원, 동맹 보호, 자유무역 증진 등으로 미국의 힘을 정당화하면서 만든 일련의 국제 규범이자 규칙인 자유민주주의적 세계질서도 조종이 울리고 있다. 그 상징적 사건이 6·12 북미 정상회담이다. 주지하듯이 미국은 자유민주주의적 세계질서를 지탱하기 위한 명분으로 한반도 분단과 한국전쟁 개입을 정당화하였다. 그런데 자유민주주의적 세계질서의 관리자인 미국의 대통령(트럼프)이 세계에서 가장 전체주의적인 국가이자 미국의 주류 세력이 악마라고 규정한 국가의 정상(김정은)과 포옹을 한 것이다.

반면 그 포옹이 있기 며칠 전에는 G7 정상회담장을 떠나며 미국과 가장 가까운 나라인 캐나다 총리(트뤼도)에 대해 부정직하고 나약하다고 비난하면서 말이다. 이는 앞에서 지적한 자유시장, 자유무역, 자유로운 사람의 이동을 추진한 레이건-대처리즘이 그들의 후예들에 의해 부정되는 데서 한걸음 더 나아간 것이다.

미국의 주류 세력에게 트럼프의 대북 화해는 자유주의적 세계질서를 부정하는 악마(김정은)와의 화해로 이해되고 있고, 이는 미국이 만든 자유주의적 세계질서와 세계에 대한 미국의 관리를 스스로 폐기한 것으로 간주되고 있기 때문이다. 사실, 자유민주주의적 세계질서의 종언은 인종주의, 구조화된 불평등, 다국적기업의 이익을 위해 수많은 생명을 희생시키는 해외 군사 개입 등 미국 자유민주주의의 근원적 취약성에서 예고된 것이다.

반면 인민민주주의(공산주의 정치체제)는 평등을 추구하지만 그 수단을 통제와 계획과 명령에 의존하고 있다. 그 결과 개인의 자발성(동기유발) 약화나 개인적 자유의 제한이 수반됐고, 효율성이 저하되고 창의성 발휘도 약화될 수밖에 없다. 임금고용의 착취구조를 합법화한 것이 소유권이라 보았고 사유재산권을 보장하는 한 보편적인 인권과 진정한 평등은 불가능하다고 보았다. 전체 인민의 공동소유를 명분으로 중요 생산수단들에 대한 일체의 개인 소유를 금지하고 국가 소유를 제도화시킨 배경이다. 그 결과 인민이 필요로 하는 생필품을 국가가 분배하고, 교육이나 의료 서비스 등을 사실상 무료로 제공하였지만, 경직적인 계획경제 속에 자율성이 질식되고 동기유발 메커니즘이 작동하지 못해 생산 의욕과 생산성이 둔화, 정체되고 무상 공급되는 재화나 서비스의 질적 수준은 저하되고, 사회적 수요의 다양성도 제약되었다. 경제의 운영방식이 독재적인 한 공공의 필요성을 충족시킬 수 없음을 보여준 것이다. 게다가 권력의 과도한 중앙집중으로 시간이 흐름에 따라 부정부패도 만연해졌다.

인민민주주의의 현실적 귀결인 중앙집권적 의사결정 체제가 다원화 및 분산 등이 강화되는 추세 속에서 한계를 드러낼 수밖에 없었던 것은 역사적으로도 자명한 것이었다. 즉 계급투쟁이 필연적으로 프롤레타리아 독재로 귀결되고, 혁명적 프롤레타리아 독재 형태만을 취할 수 있는 국가의 성격을 공산주의로 이행하기 위한 과도기적 모습으로 설정했지만, 권력 독점이 초래할 발전의 실패를 이해하지 못했던 것이다. 현실에서 전개된 권력 독점이 자신들이 생각한 권력 독점과 차이가 있었다는 변명(?)도 결국 '프롤레타리아 독재'도 독재의 하나라는 사실을 외면한 것에 불과하다. 물론 민주주의의 어원이 민중 또는 다수를 뜻하는 데모스(demos)와 지배(독재)를 뜻하는 크라티아(kratia)를 합친 데모크라티아(demokratia)이기에 민중의 독재인 프롤레타리아 독재는 민주주의이고, 마르크스가 얘기한 프롤레타리아 독재와 프롤레타리아가 권력을 갖지 못하고 국가에 의해 착취당한 국가자본주의인 스탈린주의는 차이가 있다고 주장하고 싶을 것이다.

그러나 이러한 차이를 강조하는 이들도 프롤레타리아 독재 역시 국가에 권력이 집중된 사실 자체는 부인하지 못할 것이고, 그 결과 권력의 집중 문제에서 자유롭지 못하다. 인민민주주의가 권력 집중으로 귀결되는 이유는 개인의 자유를 통제하지 않고는 공익 달성이 어렵다고 보기 때문이다. 개인의 '자율' 역량에 대한 불신을 갖고 있는 것이다. 즉 인민민주주의는 분산과 공유, 협력이 키워드인 3, 4차 산업혁명 시대의 사회 규범과 거버넌스의 틀로는 적합하지 않다.

이처럼 근대 산업사회의 기획물인 자유민주주의(제1민주주의)나 인민민주주의(제2민주주의)로는 집단행동의 딜레마 문제를 근본적으로 해결하기 어렵다. 게다가 네트워크 사회와 경제에서 각 개인이 스스로 자신의 삶을 기획하고 그에 맞게 실제로 삶을 조직하는 것이 가능하려면 사회 조직 또한 바뀌어야 한다는 점에서 민주주의도 업그레이드 될 필요가 있다. 즉 네트워크 사회와 '개방형 호혜' 경제에 조응하는 민주주의는 자율형 인간과 협력을 사회와 경제의 운영 원리로 삼는 '자율민주주의'일 수밖에 없다. 자율민주주의야말로 개인의 자발성 보장, 개인주의 극복, 공동체 편익과 개인 편익 간 조화 등을 이룰 수 있기 때문이다. 여기서 자율은 자유의 극치(極致)이고, 협동은 통제의 극치(極致)라는 점에서 자율민주주의는 자유민주주의(제1민주주의)나 인민민주주의(제2민주주의)를 넘어선 제3민주주의이고 민주주의의 완성형이다.

기술적으로도 데이터의 독점, 그리고 인증과 검증에 대한 제3의 힘이 한 곳에 집중될 경우에 나타날 부정적인 결과에 대한 염려로 디지털 경제, 코드 경제, 플랫폼 경제에서 '자치'는 키워드로 부상한다. 실제로 상당수의 사람들은 인증과 검증을 위한 '자치 프로토콜'[58]이 포괄적이고 민주적인 디지털 미래의 필수 요소라고 여긴다. 플랫폼 참여자의 자치

---

58 컴퓨터 간에 정보 및 데이터를 교환하기 위해 사용하는 통신 규칙.

역량과 같은 맥락에 있는 것이다. 또한 관료 행정의 여러 과정이 알고리즘 도입으로 간소화되는 한편, 활발한 전면적 연결성 속에서 사람들이 가지고 있는 필요와 욕구에 대한 정보 소통도 활발해지면서 행정 정보의 투명성 또한 제고되게 된다. 이처럼 분산된 개별적 가치 판단이 경제 진화와 인간 사회 발전 양상을 크게 바꿀 것은 자명한 반면, 문제는 거버넌스의 새로운 틀을 짜야 하고 이를 위해 민주주의에 대한 재검토가 불가피하다는 점이다.

'자율'이 사회 구성원의 행동원리가 된다는 것은 모든 개개인이 스스로 삶을 꾸려갈 뿐 아니라 집단의 삶 또한 동일한 원리로 조직한다는 것을 의미하기 때문이다. 그리고 이를 위해서는 스스로의 삶을 기획하고, 자신의 기획에 맞게 실제로 삶을 조직할 수 있어야 하고, 이러한 일이 가능하도록 사회가 조직되어 있어야 한다. 이것은 새로운 인간형을 전제로 하고, 사회 구성원의 행동원리와 규범의 변화뿐 아니라 사회조직 및 거버넌스 틀의 변화를 의미한다.

실제로 공유와 협력은 자발적 조직화 및 자치 과정을 통해 제도화가 가능하다. 예를 들어 2009년 노벨경제학상을 수상한 엘리너 오스트롬 (Elinor Ostrom 2010)[097]은 지속 가능한 자발적 · 자치적 공유자원 체계의 다양한 사례들을 보여준다. 장기간에 걸쳐 공유자원을 사용한 사례들은 그들이 사용하는 자원을 자치적으로 관리하기 위한 노력의 산물이었음을 보여준다. 즉 성공적인 공유자원 사용의 사례들은 자발적으로 조직화되고 자치가 이루어지는 협동 노력에 기초하였다. 공유자원의 성공적인 사용이나 공유−협업의 모델 속에는 무임승차나 기회주의적 행동 등을 그릇된 것으로 규정하는 규범(사회적 자본)이 또한 공유되고 있었다. 즉 공유와 협력이 제도화되기 위해서는 자치 규율이 필요한 것이다.

다행히 블록체인 기술의 도입으로 소수에게 권력이 집중되는 현재 대의제의 구조적 한계는 기술적으로 극복할 수 있게 되었다. 즉 블록체인 기술의 활용으로 정치적 유동성을 크게 증가시킬 수 있다. 예를 들어 중앙집중화 한 데이터베이스에 기반한 모바일 투표가 신뢰와 검증 문제를 갖고 있는 반면, 블록체인에 기반한 투표는 수정과 삭제가 기술적으로 불가능하고 투표 과정이 투명하고 모두가 검증할 수 있기 때문이다. 물리적 공간의 제약에 갇혔던 직접민주주의가 블록체인 기술로 화려하게 부활할 수 있게 된 것이다. 문제는 직접민주주의가 만병통치약은 아니라는 점이다. 직접민주주의는 구성원 참여를 확장시키기에 구성원의 책임을 전제로 하고, 숙의 절차의 필요와 다원성에 대한 존중으로 보완되어야 한다. 이러한 과정에서 구성원의 자율성도 향상될 것이다.

사실 고대부터 근대까지 '자율'은 사회 구성원의 가장 바람직한 행동원리로 제시되어왔다. 그러나 자치에 필요한 기술 및 생산력 등의 조건이 무르익지 않아 불완전하게 구현되어왔다. 자율이 (제한된 규모로 시행된) 그리스 아테네 민주정을 떠받친 근본적인 원리[098]였음에도 중우정치로 귀결된 배경이다.

이는 한국의 전통사회에서도 확인된다. 조선왕조에서 개인은 영국의 '구속받지 않는' 개인을 지향하지 않고 공동체의 틀 속에 있는 개인이었다. 지역사회가 중앙정부와 지역의 자치조직 간 상호 협조에 의해 운영될 수 있었던 것도 인민들이 상당한 자치성을 가졌기에 가능했던 것이다.[59] 즉 일반 인민의 자립성 및 자주성이 신장되면서 지역 공동체의 자치성이 강화되는 또 다른 민주주의를 지향하였던 것이다.[099]

그러나 일본 제국주의 침탈로 지역 공동체의 자치성과 중앙 권력 간의 동태적 결합은 좌절되었고, 여기에 분단은 한국 사회를 물리적·공간적으로 불구화시켰을 뿐 아니라 정신적·사상적으로도 불구화시킴으로써 한반도에 이식된 근대 자유민주주의조차 기형적으로 전개되었다. 즉 지역 공동체의 자치성을 결여하고 오로지 시장의 틀 속에서 원자화된 개인의 자유만 강조되는 자유민주주의가 국가주의와 결합된 남한 사회와, 개인의 자율성이 배제되고 오로지 중앙 권력의 통제 속에 지역 공동체는 계획의 수단으로 전락한 인민민주주의가 무오류의 수령주의와 결합된 북한 사회를 형성시킴으로써 한국 전통사회가 지향한 자율민주주의의 싹은 땅 속으로 묻혀버렸던 것이다. 따라서 인민민주주의와 자유민주주의적 세계질서의 종언이 한반도 분단의 종식으로 이어지려면 통일 한국의 거버넌스 체제를 자율민주주의로 재구성하는 것이 불가피하다. 자율민주주의만이 인민민주주의와 자유민주주의를 발전적으로 해체시킬 수 있기 때문이다.

자율민주주의의 중요성은 네트워크의 특성 속에 잘 드러나 있다. 실

---

59 조선왕조 시대 "각 지방에는 관치조직과 자치조직(예: 뉴향소, 향청)이 상호 부소하였고, 향회와 촌회는 자지로시 인민이 상집(相集)하여 행정상의 부정을 탄핵하며 수령의 행정을 규찰하는 등 직접적으로 행정에 간섭을 하고 지방행정을 감독하였고, 자치기관의 직원들은 평등적 민선으로 조직하여 향헌(鄕憲)에 규정한 업무나 자치적 관습을 집행하되 대소사는 촌회를 열어 전체 인민의 결정으로 하였다." 安自山, 『조선문명사』, 滙東書館, 1923.

시간 초연결사회가 만들어내는 네트워크나 상품시장 및 국제금융시장의 통합 등이 만들어내는 네트워크 등의 강점은 다양성에서 비롯한다. 다양성이 결여될 경우 네트워크는 사실상 단일체로 전락하고, 생태계는 활력을 상실하고 리스크를 증가시키기 때문이다. 즉 다양성을 상실한 네트워크는 참여자가 무수히 많아도 사실상 하나만 존재함을 의미하기에 혼자서 가치를 창출해야만 하는 대신 문제가 발생할 때는 모든 참여자가 전염될 수밖에 없다.

다양성을 상실한 네트워크의 위험성을 글로벌 금융위기에서 충분히 경험하였다. 당시 금융기관들이 개별적으로는 분산투자를 하였음에도 금융기관 포트폴리오(자산구성) 간 상관성은 90%를 넘어설 정도로 모든 금융기관들이 유사한 포트폴리오를 보유하였다. 투자위험을 줄이는 가장 좋은 방법은 분산투자이기에 개별 금융기관들이 분산투자를 하였지만, 모든 투자기관이 동일한 대상에 분산투자를 하다 보니 투자 대상의 관점에서는 오히려 자금이 집중되었던 것이다.

자산의 공통성으로 금융회사의 대차대조표가 동질화되는 등 금융기관 간 차이는 소멸되고 시장은 동질화되었다. 즉 개별 금융회사는 합리적 선택을 하였지만 취약한 금융 네트워크를 창출한 것이다. 모노컬처식 금융이 질병에 대한 내성을 약화시키고 바이러스 감염에 취약하게 만들었던 것이다. 이른바 리스크 전염효과다. 금융생태계(네트워크)의 동질성은 금융 환경이 악화될 경우 시스템의 붕괴 확률을 실질적으로 증가시킬 수밖에 없다.

반면 금융기관의 포트폴리오에 차이가 있는 금융기관들로 연결된 금융네트워크는 금융 환경이 악화될 때 전염효과가 발생하지 않기에 시스템 위기로 발전할 가능성은 없다. 이른바 리스크 분산효과다. 이처럼 네트워크의 강점은 다양성을 기초로 한 분산과 협력에 있다. 즉 네트워크 참여자의 자율성 보장이 중요하면서도 네트워크의 이점을 누리기 위해서는 참여자 간 협력이 절대적인 것이다.

또한 제2장에서 보았듯이 인류 세계는 '국민국가의 함정' 및 '국민경제의 함정'에 빠져 있다. '연결(네트워크)'이 키워드로 부상한 IT 혁명과 더불어 '글로벌화(시장 통합)'가 시작되면서 국민국가와 국민경제의 경계는 약화되기 시작했고 오늘날에는 거의 무의미해졌다. 문제는 국민국가 간 그리고 국민경제 간 협력이 중요한 과제가 되었음에도 국제 협력은 매우 빈곤할 뿐 아니라 심지어 국민국가의 논리, 즉 패권주의 투쟁관이 발호하고 있다.

국민국가의 패권주의 투쟁관은 근본적으로는 서구 근대 문명의 위계적인 이분법 사유에 뿌리를 두고 있다. 인간/자연, 이성/감정, 남성/여성, 문명/야만 등으로 구분하고 전자에 가치론적 우월성을 부여하면서 인간에 의한 자연 정복, 이성에 의한 감성 억압, 남성에 의한 여성 지배, 비서구에 대한 서구 지배의 정당화 등 체계적인 폭력성을 수반했고, 그 결과 자원 고갈과 환경오염, 개별적이고 구체적인 감성 억압, 여성 억압, 인종 차별 등의 문제를 야기했다.

문제는 특정 부분을 이상화(理想化)하고 나머지는 주변화시켜 억압을 정당화시키는 중심주의인 위계적인 이분법 사유체계(폭력적 사유방식)가 종교 및 이념 투쟁, 지역 및 인종 갈등 등에서 보듯이 다양성, 연대, 국제 협력 등의 치명적 장애가 되고 있다는 점이다. 제2장에서 소개한 통화정책 독립성 문제, 기축통화 시스템 문제, 글로벌 불균형 문제, 유로존 위기 문제 등 모두 국민경제 및 국민국가 함정에서 벗어나지 못하는 한 해결이 불가능하다.

이처럼 초국가 협력은 글로벌 공공재가 된 반면 매우 빈곤함을 보여주듯이 세계는 초국가 단위에서 발생하는 '집단행동의 딜레마'에서 벗어나지 못하고 있다. 이 문제도 국민국가 단위에서 설계된 민주주의, 즉 글로벌 거버넌스와 관련이 있다. 즉 초국가 단위에서 집단행동의 딜레마 문제를 해결하려면 개별 국가의 자율성을 유지하면서 협력을 끌어내야만 가능한 것이다.

자율민주주의는 초국가 단위에서 집단행동의 딜레마 문제들, 즉 세계화와 민주주의와 국민국가 주권(sovereignty) 사이의 트릴레마(trilemma, D. Rodrik)[100]나 글로벌 거버넌스의 3대 운영원리인 민주성, 효율성, 보편성 간 트릴레마 등도 해결할 수 있다. 자율민주주의가 비즈니스 공동체나 국가 공동체, 세계 공동체 등에서 원만히 작동하기 위해서는 국민국가를 포함한 각 공동체 구성원의 자율과 협력이 침해될 경우 협력을 촉진하기 위해 구성원이 자발적으로 합의한 규칙을 엄격히 적용해야만 한다. 그래야만 모든 공동체의 지속 가능성을 보장하는 공정성과 공평성을 확보할 수 있기 때문이다.

국제사회에서 자율과 협력이 구조화되기까지 시간이 소요될 수 있다. 다행히 금융위기를 계기로 G20 정상회의가 구성되었듯이 글로벌 거버넌스는 한 단계 업그레이드 되었다. 기후변화, 통화정책, 글로벌 불균형, 난민 사태 등 초국가 협력을 요구하는 문제들을 다루기 위해 G20 정상회담은 더욱 활성화되어야 한다. 물론, 패권주의의 발호로 G20 정상회의는 만족스러운 성과를 만들어내지 못하고 있다. 그 결과는 글로벌 불확실성의 증대로 이어지고 있다.

그러나 다원화가 현실화된 상황에서 패권주의 추구는 실패할 수밖에 없고, 이러한 과정을 거쳐 글로벌 거버넌스는 협력이 강화된 새로운 단계로 진화할 수밖에 없을 것이다. 이를 위해 필요하다면 역내 초국가 협력체를 구성하거나 강화시킬 필요도 있다. 예를 들어, 유럽통합(세계화)과 국민국가의 주권, 정치적 민주주의 모두를 동시에 이룰 수 없다는 이른바 '트릴레마'에 직면하고 있는 유럽통합의 어려움을 극복하고 유럽통합을 지속 가능하게 하려면 자율과 협력 차원으로 유럽의 민주주의를 업그레이드시켜야만 가능할 것이다.

현재까지 '보다 큰' 유럽 프로젝트에는 리스크 공유와 연대는 부족한 대신 회원국의 책임을 강화하는 방향으로 진행되고 있다 보니 유럽통합을 균열시키는 싹이 솟아나고 있다. 유럽통합을 설계할 때 통합의 이점이 상대적으로 부상한 결과, 구성원이 자신의 역할을 위반했을 시 책임에 대한 장치 마련이 미흡했다. 따라서 개별 국가의 자율성이 충분히 발휘되지 못하였다. 개별 국가의 책임을 강조하는 방식보다는 현재 네트워크의 취약성을 먼저 보완하기 위해 연대성을 발휘한 후 책임을 강화하는 조치를 수용하도록 제도를 보완할 필요가 있다. 협력과 상호유대의 강화 없이는 개별 국가의 안전과 평화 등을 확보하는 것이 어렵기 때문이다. 예를 들어 난민 사태는 글로벌화 이후 국가 간 소득 불평등의 확대와 무관하지 않고, '무임승차' 국가들의 '무책임'에서 비롯된 기후변화 문제 역시 기후변화에 대한 책임이 없는 빈곤 국가에 가장 커다란 피해를 주지만 무임승차 국가들 역시 기후변화에 따른 자연의 복수(기후변화 도미노)로부터 자유롭지 못하다는 점에서 낙후된 지역에 대한 대규모 개발 프로젝트를 국제사회 차원에서 진행할 필요가 있다.

예를 들어 빈곤 종식, 불평등 해소와 번영의 공유를 통한 사회 정의와 통합, 기후변화와 생물 다양성 파괴 그리고 물과 공기의 오염을 차단하는 환경적 지속 가능성을 추구하는 유엔(UN)의 '지속 가능한 발전 목표(SDGs, Sustainable Development Goals)'의 적극적 추진은 난민 사태나 기후 변화 문제의 해소뿐만 아니라 새로운 수익원을 찾지 못하는 선진국 자본의 출구가 될 수도 있다. 이처럼 자치와 협력에 기초한 자율민주주의는 인류 세계가 피할 수 없는 새로운 거버넌스의 틀이다.

4. 확산되는 호혜와 협력의 경제

일찍이 폴라니(Polanyi)는 인류 역사 안의 경제를 통합하는 원칙으로 호혜, 재분배, 교환을 제시했다. 첫째, 인간은 삶에서 특별한 이윤 획득의 동기 없이도 재화나 용역을 주고받는다. 이러한 행위는 주고받는 대칭적 위치의 개인들 간에 상호 유대감을 제공하여 사회적·문화적 교류의 기능으로 활용된다. 즉 호혜(상호성)는 대칭성의 패턴을 특징으로 하며 시장교환에서 즉시적 등가교환과 달리 사회적 유대관계를 유지시킬 목적으로 일정한 시간 차이를 두고 부등가적으로 이뤄질 수 있다.

둘째, 공간적으로 분할된 복수 공동체를 관리 혹은 지배하는 중앙권력기구를 통하여 재화가 이동하는 방식인 '재분배'는 일종의 환원 개념으로 작용했으며, 이를 통해 사회 구성원들끼리 결속과 단합을 도모할 수 있었고, 권력자는 사회 구성원들에게 자신의 권력을 증대시키는 효과를 기대할 수 있었다.

마지막으로 '교환'은 시장이라는 제도를 기반으로 이루어지는 경제적 행위로, 시장 교환이 지배적 형태가 아니었던 자본주의 이전까지는 구성원들 간 경쟁 유발도 제한적이었고 이익 추구 욕망보다는 필요에 의해 발생했다. 반면, 자본주의에서는 경제가 시장만에 의해서 통제·조절·지시되는, 즉 사회 전반에 걸쳐 시장주의 사고방식(멘탈리티)이 확산된다. 이른바 공동체적 유대와 삶의 양식이 원자화된 개인으로 변질된 자기조정적 시장시스템이 구축된다.

개인적 선택이 사회 전체의 이익 극대화와 충돌되지 않는다는 '독립적 최적화'가 가능하기에 경쟁원리가 경제 운영의 지배적 원리로 부상한 배경이다. 또한, 전체 혹은 복잡한 현상들을 개체로 분리해 사고가 가능하다고 보고, 따라서 개체들은 전체를 구성하는, 즉 상호 독립적인 것으로 이해하는 이른바 '방법론적 개인주의'가 경제 현상을 해석하는 방법론이 된 배경이다. 그리고 경쟁이 제대로 작동하기 위해 배타적·독점적·절대적 소유권 체계인 사유재산권이 필요했던 것이고, 그 결과 인간이 인간을 억압하고 지배하는 '자유주의 역설'을 만들어냈던 것이다.[101] 하지만 3, 4차 산업혁명 시대에는 협력과 공유가 가치 창출의 핵심 원리이자 소유권이기에 사회적 유대관계가 중요하다. 따라서 개인은 대칭성과 상호성 위에 위치해야 한다. 호혜가 시장과 결합될 수 있고 결합되어야만 하는 이유이다.

　호혜와 시장의 결합을 이해하려면 먼저 시장과 자본주의를 구분해야 한다. 시장은 자본주의가 등장하기 훨씬 이전인 고대 사회에도 존재했던 제도이다. 폴라니의 표현을 빌리면 자본주의는 경제를 시장만에 의해 통제, 조절, 지시되는 '자기조정적 시장시스템'이다. '자기조정적 시스템'이 자연적으로 형성된 것이 아니라 토지와 노동 등 상품화될 수 없는 것을 상품화하고 이 과정이 국가 개입에 의해 인공적으로 만들어진 결과 자본주의에서는 인간과 자연 그리고 인간과 인간의 '관계'가 부정된다.

　농업생산자들을 땅으로부터 떼어내어 도시로 이주시키고 노동자를 가족과 이웃으로부터 떼어내어 '자유로운 개인'으로 포장한 뒤 공장 조직과 중앙집권적 국가에 예속시켰다. 즉 개인주의는 원자화된 개인을 규모화시키는 방법이었다. 공권력과 회사의 규율에 치이고 밟히며 사사로운 개인은 도시를 부유하게 된 것이다. '모던타임즈'의 근대적 시민이다.[60]

반면 오늘날은 협동 역량을 경쟁해야 하는 시대이기에 사람들의 일상 전반에서 협력하는 문화를 심어야만 한다. 가치 창출과 가치 소비에서 협력이 중요해지면서 자본주의 이전 수십만 년 동안 인류가 나름대로 발전시켜왔지만, 자본주의 도래와 더불어 시장이 경제 전체를 지배하며 억눌렸던 호혜적 질서의 중요성이 다시 부상하고 있기 때문이다.

3, 4차 산업혁명 시대의 새로운 가치를 찾아내는, 즉 문제를 발굴하는 능력은 아이디어에서 비롯하고 문제를 해결하기 위해서는 다른 사람이 가진 자원이나 역량과의 연결(공유, 협력)이 불가피하기에 관계와 상호유대 등 호혜에 의해 경제는 재구성될 수밖에 없다. 실제로 비즈니스 모델에서 공유와 협력은 가치 창출의 핵심원리로 완전히 자리 잡고 있고, 협력 모델은 심지어 지역과 사회, 나아가 국가를 새롭게 디자인하고 있다.

이처럼 공유와 협력이 가치 창출의 원동력이 되면서 시장의 영역은 호혜의 영역에 의해 대체되어지고 있다. 그 결과 기업의 의미도 퇴색되고 있다. 회사 운영을 통해 발생한 이익과 손실을 공유하는 주주가 소유한 경제조직인 기업이 기업 외부의 자원과 협력을 통해 가치를

---

60 예를 들어 영국에서 근대적 보통교육이 처음 시작될 때 학교는 '시장'이 요구하는 노동자, 국가의 부름에 응하는 '국민'을 양성하는 기관이었다. 도시로 밀려드는 노동자의 아이들을 맡아 학교는 근대 민족국가의 생존 캠프로서의 의무를 부여받았다.

만들어냄으로써 이익도 기업 외부와 공유하고 있기 때문이다. 물론, 호혜가 지배적 질서가 되려면, 즉 '공유형 협업적 자본주의'[102]나 '플랫폼 독점'을 벗어나려면 새로운 인간형으로 진화와 사회혁신은 절대적 과제다.

하지만 이 과제가 간단한 것은 아니다. 현재까지 경제 영역에서 호혜적 질서를 확산시키려는 노력들이 과거 지향적이고 퇴행적인 모습을 보인 이유다. 예를 들어 지난 수년간 법적, 제도적 지원으로 다양한 영역에서 협동조합 및 사회적 경제의 활성화가 추진되었다. 그러나 자생성을 갖고 내실을 기하고 있다고 말하기는 어렵다. 지속 가능성이 담보되고 있지 않기 때문이다. 왜 그럴까?

이는 협동조합이나 사회적 경제조직에 20대 청년들의 참여가 적다는 점과 관련이 있다. 이는 탈공업화 시대의 청년층과 전통적 호혜 관념 간 불일치 문제에서 비롯한다. 이른바 밀레니엄 세대라고 하는 탈공업화 시대의 청년층은 인터넷·모바일·SNS 등 IT에 능통하고, 대학 진학률이 높고, 자존감이 높고 자기중심적이다 보니 수평적 의사소통 및 자신의 행복을 중요시하고, 개방성·공동창조가 몸에 배어 있기에 참여를 통한 가치 창출에 적극적이다. 반면 협동조합이나 사회적 경제조직 등 호혜 경제를 확산시키려는 시도들은 기본적으로 물리적 공간의 제약성을 갖고 명령 및 통제가 작동했던 농업사회의 '폐쇄형 호혜'에 집착하고 있다. 청년들이 사회적 경제활동을 하는 많은 선배 세대를 '꼰대'로 보는 이유다.

오늘날 많은 곳에서 공동체 토지 소유나 부동산의 집합적 소유 등을 통해 공동체 역량을 강화[61]하고 '관계'를 복원하려는 이유도 기본적으로 토지 사유화가 공동체를 해체시키고 관계를 약화시켰다고 보기 때문이다. 그러나 물질생산과 중앙집중적 기업 조직이 공동화에 직면한 상황에서 실현 가능성도 제한적인 토지의 공동 소유만으로 공유의 가치를 확산시키는 것은 기대하기 어렵다. 이들은 자본주의 사회에서 '관계'의 중요성에 의문이 제기되는 이유도 협력에 대한 교육을 받지 못한 결과라고 주장하지만, 협력에 대한 교육도 협력이 새로운 기술 및 분산 경제와의 관련 속에서 가치 창출에 기여가 가능할 때 힘이 실린다.

협동조합 운동가 로빈 머레이(Robin Murray)가 '구글 시대의 협동조합(Co-operation in the age of Google, 2010)'에서 협동은 기술 변화 속에서 진화해야 한다고 주장한 배경이다. 물질생산과 관련된 과거의 기술과 달리 디지털 무형재나 아이디어 재화와 관련된 오늘날 기술은 물리적 공간의 제약이 없는 분산적·비공식적 협동조합(예:원천 코드의 공유 같은 자유 소프트웨어 운동)을 요구하고 있다. 즉 전통적인 '폐쇄형 호혜' 개념은 글로벌 차원으로 확장되고 속도 및 다양성이 증대한 '개방형 호혜'로 진화해야 하는 것이다. 즉 오늘날 호혜에 기초한 경제조직은 협력과 공유를 강조하는 분산된 네트워크이자 민주적으로 통제된 자율적 경제조직인 것이다.

---

61 토지의 공동소유를 통해 공동체 역량을 강화시키려는 이유는 사유재산(private property) 관념의 핵심 부분인 private의 어원이 privare(빼앗다)이듯이 토지의 배타적·독점적 소유가 토지를 매개로 한 공동체 유대를 파괴시켰기 때문이다.

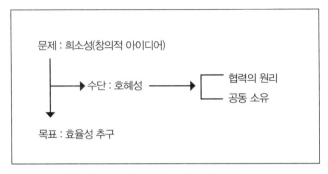

〈그림 20〉 연결 경제(네트워크 경제) 운영의 기본원리

문제 : 희소성(창의적 아이디어)

수단 : 호혜성 ——→ 협력의 원리
　　　　　　　　　　　공동 소유

목표 : 효율성 추구

출처 : 최배근, 『협력의 경제학』 집문당, 2015, p. 35, 〈그림 2-4〉.

미주

001) M. Weitzman and C. Xu, "Chinese Township—Village Enterprises as Vaguely Defined Cooperatives," Journal of Comparative Economics Vol. 18 No. 2, (April 1994), pp.121~145.

002) R. Frank, T. Gilovich, and D. Regan, "Does Studying Economics Inhibit Cooperation?" The Journal of Economic Perspectives, Vol. 7, No. 2. (Spring, 1993), pp. 159~171; Y. Bauman and E. Rose, "Why Are Economics Students More Selfish than the Rest?" IZA DP No. 4625 (Dec. 2009).

003) J. Furman and P. Orszag, "Slower Productivity and Higher Inequality: Are They Related?" PIIE WP. 18-4, June 2018, p. 6 & Figure 5.

004) 지금까지 생긴 플랫폼은 구글, 페이스북 같은 기업들이 주도하는 광고 플랫폼, 서버, 저장장 치, 소프트웨어 개발 툴, 운영 시스템, 애플리케이션 등을 임대하는 클라우드 플랫폼, 산업 사 물 인터넷(IoT)으로도 불리며 제조업체들의 생산 최적화를 가능케 해주는 산업 플랫폼, 집, 자 동차, 면도기, 제트기 엔진 등 유형의 상품을 임대 서비스하는 상품 플랫폼, 온라인에서 서비 스 주문과 제공이 이뤄지는 린(lean) 플랫폼 등이 있다. N. Srnicek, Platform Capitalism, Polity, 2016.

005) A. Gneezy, U. Gneezy, L. Nelson, and A. Brown, 2010, "Shared Social Responsibility: A Field Experiment in Pay—What—You Want Pricing and Charitable Giving," Science (July 16) Vol. 329 No. 5989, pp. 325~27.

006) 유경준 편, "성장과 고용의 선순환 구축을 위한 패러다임 전환(Ⅰ)—고용창출을 위한 주요 정 책과제-", 한국개발연구원, 2011; 황수경, "우리나라 서비스업 고용구조의 특징과 문제점," 『노동리뷰』, 한국노동연구원, 2011년 7월, pp. 5~17. 고용탄성치에 대한 추정은 연구자에 따 라 차이를 보이지만 추이는 대체적으로 일치한다. 예를 들어, 한국고용정보원이 전체 산업을 대상으로 한 고용탄성치를 보면 2000년 0.48에서 2008년 0.22까지 하락했고, 금융위기 이 후 2010년 0.21, 2011년 0.47, 2012년 0.79까지 상승했다가 하락세로 전환한 후 2017년 0.39까지 하락했다. 2010년대 고용탄성치가 성장률이 높았던 2000년대의 고용탄성치보다 개선된 것은 정책에 의해 질 낮은 일자리 중심으로 취업자가 늘었음을 의미한다. 문제는 질 낮은 일자리 중심의 취업자 증가조차 2012년 이후 하락세로 전환되었다는 점이다.

007) 전체 실업률과 청년 실업률이 2018년 3월 기준 미국은 4.1%와 8.5%, 유로 지역은 8.5%와 17.3%, 독일은 3.4%와 6.1%, 일본은 2.5%와 3.8%, 영국은 4.2%와 11.5%, 프랑스는 8.9%와 21.5%, 한국은 4%와 11.6% 등을 보인다.

008) P. Beaudry, D. Greeny, and B. Sand, 2013, "The great reversal in the demand for skill andcognitive tasks," NBER Working Paper No. 18901.

009) WSJ, "Sputtering Startups Weigh on U.S. Economic Growth: Decadeslong slowdown in entrepreneurship underscores transition in American labor market," Oct. 23, 2016.
http://www.wsj.com/articles/sputtering-startups-weigh-on-u-s-economic-growth-1477235874 posted on June 30, 2018.

010) J. Furman and P. Orszag, p. 9, Figure 6b.

011) Economist, 2016, "The rise of the superstars," Sep. 17th-23rd: 5.

012) K. Borchert, M. Hirth, M. Kummer, U. Laitenberger, O. Slivko, and S. Viete, "Unemployment and Online Labor," ZEW Discussion Paper No. 18-023, April 2018.

013) David J. Deming, "The Growing Importance of Social Skills in the Labor Market," NBER Working Paper No. 21473.

014) 한국고용정보원, "2016 대졸자 직업 이동 경로 조사 기초분석 보고서," 기본사업 2017-19, 2017. 12; Workforce Solution Group, "State of St. Louis Workforce," 2013, p. 30; National Association of Colleges and Employers, "Job Outlook 2014."

015) James Titcomb, "How much money does Facebook make from you?" The Telegraph 3 November 2016.
https://www.telegraph.co.uk/technology/2016/11/03/how-much-money-does-facebook-make-from-you/ posted on March 19, 2018); Dan Frommer, "How much money did you make for Facebook last year?" Quartz, January 29, 2016.
https://qz.com/605343/how-much-money-did-you-make-for-facebook-last-year/ posted on March 19, 2018.

016) 뉴케인지안은 전통적인 주류경제학과 달리 임금 등 일부 가격들의 경직성과 더딘 조정을 수용하고, 이로 인해 시장이 불균형 상태에 놓일 수 있고 이 불균형을 해소시키기 위한 통화정책의 긍정적 역할을 받아들인다. 또한, 지정학적 위험에 따른 유가 상승 등 '대외적인' 비용(공급) 충격으로 인플레이션이 목표치를 넘어 상승할 경우 물가안정 목표를 경직적으로 추구(서둘러 통화를 긴축)하면 성장 둔화에 직면하기에 대외적인 비용(공급) 충격에 대한 대응은 물가목표를 점진적으로 추구해야 한다고 주장한다. 핵심 소비자물가(근원 인플레이션) 개념의 도입과 중기적인 물가목표를 달성한 배경이다.

017) 국제결제은행(BIS)은 자산의 증권화를 "특수목적법인에 의해 만들어진 증권이 특수목적법인(SPE)에 의해 보유된 금융자산 풀(pool)로부터의 현금 흐름에 의해 지지된 지급권을 가지고 투자자에게 발행되는 과정"으로 정의한다. Basel Committee on Banking Supervision, July 2011, Report on asset securitisation incentives, p. 1. '자산의 증권화'가 급증한 것은 바젤 I이 '자산의 증권화'에 관대하였기 때문이다. 은행의 자산 이전이 증권위원회가 설정한 기준과 리스크가 특수목적법인(SPVs, Special Purpose Vehicles)에 이전되도록 건전성 기준에 포함된 규정들을 충족하는 한 위험가중자산 대비 자기자본 비율에서 자산을 배제할 수 있도록 허용해주었다. A. Rinne, 2004, Treatment of asset securitization under the proposed BASEL II Accord and the U.S. Banking Agencies' advance notice of proposed rulemaking, Master of Arts in Law and Diplomacy Thesis, Tufts University, p. 31.

018) 미국 경제는 2차 대전 이후 GDP가 연평균 3.27%로 성장하였고 성장률의 표준편차는 2.7%였던 반면, 대안정기의 성장률 표준편차는 절반도 안 되는 1.3%에 불과하였다. J. Makin, "The Limits of Monetary and Fiscal Policy," AEI Economic Outlook, July 2011, p. 2.

019) F. Mishkin, "Housing and the Monetary Transmission Mechanism,"Prepared for Federal Reserve Bank of Kansas City' 2007 Jackson Hole Symposium, Jackson Hole, Wyoming, August 2007.

020) T. Curry, "Clinton sounds the China alarm as '08 issue: Democratic contender warns of debt and 'erosion of economic sovereignty'," msnbc.com updated 3/2/2007. http://www.msnbc.msn.com/id/17403964/ posted on May 6th 2018.

021) S. Edwards, "Monetary Policy Independence under Flexible Exchange Rates: An Illusion?" NBER Working Paper 20893 (Jan. 2015).

022) 예를 들어, E. Farhi and I. Werning, "Dilemma not Trilemma? Capital Controls and

Exchange Rates with Volatile Capital Flows," IMF Economic Review (Special Volume in Honor of Stanley Fischer) 62, Oct. 2013, pp. 569–605; H. Rey, "Dilemma not Trilemma The Global Financial Cycle and Monetary Policy Independence," Article provided by Federal Reserve Bank of Kansas City in its journal Proceedings — Economic Policy Symposium — Jackson Hole, 2013; H. Rey, "Dilemma not Trilemma: the Global Financial Cycle and Monetary Policy Independence," NBER Working Paper 21162, 2015. 단기 시장금리의 독립성 확보가 가능하다는 주장도 장기 시장금리의 독립성 훼손은 불가피함을 인정한다. M. Obstfeld, "Trilemmas and Tradeoffs: Living with Financial Globalization," BIS Working Papers No 480, 2015; L. Ricci and W. Shi, "Trilemma or Dilemma: Inspecting the Heterogeneous Response of Local Currency Interest Rates to Foreign Rates," IMF Working Paper WP/16/75, March 2016; X. Han and S. Wei, "International Transmissions of Monetary Shocks: Between a Trilemma and a Dilemma," NBER Working Paper No. 22812, Nov. 2016.

023) 콘(Kohn)이 정부보증기관(GSE) 부채, 주택저당증권(MBS), 장기 미국채의 구입을 LSAP라 처음 불렀다. D. Kohn, "Monetary policy research and the financial crisis: strengths and shortcomings," Speech delivered at the Federal Reserve Conference on Key Developments in Monetary Policy, Washington D.C., 2009.

024) 예를 들어, 2003~04년 일본은행의 대규모 외환시장 개입(달러 매입)과 미국채 투자는 미국채 수익률을 9.3bp(basis point) 낮추었다. P. Gerlach and K. Ueda, "Currency intervention and the global portfolio balance effect: Japanese and Swiss lessons, 2003–2004 and 2009–2010," CARF Working Paper (Dec. 2011). 금융위기 이후 연준의 5차례 LSAP 프로그램은 호주, 캐나다, 독일, 일본, 영국 등의 10년물 국채 수익률을 각각 65, 56, 38, 18, 43 베이시스 포인트 낮추었고, 이 국가들의 통화에 대해 달러 가치를 절하시켰다. 미국의 8차례 LSAP는 미국채 수익률을 123 베이시스 포인트 낮추면서 동시에 독일과 영국의 국채 수익률을 각각 111, 91 베이시스 포인트 낮추었다. B. Bernanke, V. Reinhart and B. Sack, "Monetary policy alternatives at the zero bound: an empirical assessment," Brookings papers on economic activity, 2004, pp. 1–100; P. Gerlach, R. McCauley and K. Ueda, "Currency intervention and the global portfolio balance effect: Japanese lessons," BIS (July 2012). C. Neely, "The Large–Scale Asset Purchases had large international effects," Federal Reserve Bank of St. Louis Reserve Working Paper No. 018B, 2010. Q. Chen, A. Filardo, D. He and F. Zhu, "The impact of QE on emerging market economies," HKIMR Working Paper No. 23 (Sep. 18, 2014).

025) S. Miranda–Agrippino and H. Rey, "World Asset Markets and the Global Financial Cycle," CEPR Discussion Papers 10936, 2015; S. Miranda–Agrippino and H. Rey, "US Monetary Policy and the Global Financial Cycle," NBER Working Paper No. 21722, Issued in November 2015, Revised in February 2018.

026) http://www.federalreserve.gov/newsevents/speech/bernanke20130325a.htm posted on May 6th 2018.

027) Donald J. Trump's tweet on Jul 20, 2018. (China, the European Union and others have been manipulating their currencies and interest rates lower, while the US. is raising rates while the dollars gets stronger and stronger with each passing day— taking away our big competitive edge. As usual, not a level playing field.943 PM—Jul 20, 2018. The United States should not be penalized because we are doing so well. Tightening now hurts all that we have done. The US. should be allowed to recapture what was lost due to illegal currency manipulation and BAD Trade Deals. Debt coming due &we are raising rates—Really?951 PM—Jul 20, 2018)

028) J. Caruana, "Stepping out of the shadow of the crisis: three transitions for the world economy," a speech on the occasion of the Bank's Annual General Meeting in Basel on 29 June 2014.

029) J. Caruana, "Stepping out of the shadow of the crisis: three transitions for the world economy," a speech on the occasion of the Bank's Annual General Meeting in Basel on 29 June 2014; ECB, "Global liquidity: concepts, measurements and implications from a monetary policy perspective," Monthly Bulletin (Aug. 2012); C. Neely, "The Large–Scale Asset Purchases Had Large International Effects," Federal Reserve Bank of St. Louis Working paper (April 2012).

030) ECB, "Global liquidity: concepts, measurements and implications from a monetary policy perspective," Monthly Bulletin (Oct. 2012).

031) J. Caruana, "Stepping out of the shadow of the crisis: three transitions for the world economy," a speech on the occasion of the Bank's Annual General Meeting in Basel on 29 June 2014; K. Dervis, "World Economy: Convergency, Interdependence, and Divergence," IMF, Finance and Development (Sep. 2012).

032) L. Buttiglione, P. Lane, L. Reichlin and V. Reinhart, "Deleveraging? What Deleveraging?" Geneva Reports on the World Economy 16, International Center For Monetary and Banking Studies, 2014.

033) K. Forbes, "The Big "C": Identifying and Mitigating Contagion," Federal Reserve Bank of Kansas City Economic Symposium, Jackson Hole (Aug. 31, 2012).

034) Economist, "Converging world," Nov. 17th 2012, p. 66.

035) J. Furman and P. Orszag, "Slower Productivity and Higher Inequality: Are They Related?" PIIE WP. 18–4, June 2018, Figure 4.

036) R. Döttling, G. Gutiérrez and and T. Philippon, "Is there an investment gap in advanced economies? If so, why?," ECB Forum on Central Banking, ECB, 26–28 June 2017, Sintra Portugal; G. Gutiérrez and T. Philippon, "Investment–less Growth: An Empirical Investigation," Brookings, September 7, 2017.

037) D. Greenlaw, E. Harris and K. West, "A skeptical view of the impact of the Fed's balance sheet," U.S. Monetary Policy Forum annual conference in New York (May 2018).

038) J. Caruana, "Capital flows to the emerging market economies: a perspective on policy challenges," speech at the 46th SEACEN Governors' Conference, Colombo, Sri Lanka (Feb. 24–26, 2011). P. Turner, "Is the long–term interest rate a policy victim, a policy variable or a policy lodestar?," BIS Working Papers no. 367 (Dec. 2011). 아시아 10년물 국채 수익률 사이에도 동조화가 존재하고, 이들은 미국채 10년물의 움직임과 연관되어 있음이 확인된다. S. Jain–Chandra and D. Unsal, "The Effectiveness of Monetary Policy Transmission Under Capital Inflows: Evidence from Asia," IMF Working Paper WP/12/265 (Nov. 2012).

039) E. Farhi and I. Werning, "Dilemma not Trilemma? Capital Controls and Exchange Rates with Volatile Capital Flows," IMF Economic Review (Special Volume in Honor of Stanley Fischer) 62, 2014, pp. 569–605.

040) 이에 대해서는 O. Blanchard, "Currency Wars, Coordination, and Capital Controls," NBER Working Paper No. 22388, Issued in July 2016 참고.

041) 대부분 신흥시장국의 GDP에서 선진국에 대한 수출이 차지하는 비중은 5~10%를 차지한다. 이를 기반으로 추정할 경우 선진국 소득의 1% 증가는 중국의 경우 0.1%를 증가시키고, 브라질과 인도의 경우에는 중국의 절반 미만 정도 증가시킨다. 미국 GDP가 1% 증가할 경우 중국의 GDP는 약 0.2%를 증가시키지만 나머지 신흥시장국에는 보다 작은 효과를 미친다.

042) 예를 들어, 선진국 금리가 신흥시장국보다 1% 낮은 상태가 3년간 지속될 경우 신흥시장국의 실질 순수출은 평균 0.45%, GDP는 0.15~0.9%를 하락시킨다.

043) 사실, 실증연구도 인센티브를 축소시키기 위한 금리 인상은 레버리지 사이클의 초기에만 적합하다는 것을 보여준다. I. Agur and M. Demertzis, "Excessive Bank Risk Taking and Monetary Policy," ECB Working Papers, No. 1457, Aug. 2012.

044) 그 밖에도 금융 사이클의 특성으로 신용과 자산가격의 중·단기적 동조화와 은행 시스템 위기의 수반 등을 지적할 수 있다. J. Caruana, 2012, "Assessing global liquidity from a financial stability perspective," BIS, 48th SEACEN Governor's Conference and High-Level Seminar (Nov. 22~24, 2012), p. 6.

045) A. Mian and A. Sufi, "Credit Supply and Housing Speculation," NBER Working Paper No. 24823, issued in July 2018.

046) BIS, "Financial stability implications of a prolonged period of low interest rates," Committee on the Global Financial System CGFS Papers No. 61, July 2018.

047) 한국은행, 물가안정과 금융안정간의 상호보완적인 관계.
https://www.bok.or.kr/portal/main/contents.do?menuNo=200324 posted on May 15, 218.

048) 2010~13년간 위안화가 절상되었음에도 미국에 대한 중국의 상품수지 흑자는 계속 증가했다. 일반적으로 환율과 경상수지 간의 관계도 명확하지 않다. 예를 들어, 1971-2005년간 170개국에 대해 환율 유연성과 경상수지 간 관계를 실증분석한 결과에 따르면 프리드먼의 예측과 달리 통계적으로 명확한 관계가 확인되지 않는다. M. Chinn and S. Wei, "A Faith-based Initiative: Does a Flexible Exchange Rate Regime Really Facilitate Current Account Adjustment?" The Review of Economics and Statistics, March 2013, 95(1), pp. 168-84. 한국의 경우에도 원화 가치 절상기에 수출이나 경상수지 흑자 규모가 너 컸다. 조병익·우신욱·윤용준, "금융시장 불안이 실물 경제에 미치는 영향," 한국은행, 「조사통계월보」, 2009, 63권 10호.

049) D. Rodrik, "The Double Standard of America's China Trade Policy," Project Syndicate, May 10, 2018. posted on https://www.project-syndicate.org/commentary/american-trade-policy-double-standard-by-dani-rodrik-2018-05

050) http://theamericanscene.com/2008/05/07/a-post-american-world posted on June 21, 2018.

051) Mike Patton, U.S. Role In Global Economy Declines Nearly 50%, Forbes, Feb 29, 2016. https://www.forbes.com/sites/mikepatton/2016/02/29/u-s-role-in-global-economy-declines-nearly-50/#754f7575e9e7 posted on June 21, 2018.

052) IMF에 따르면 세계 경제 성장에서 신흥시장국의 기여는 1980년대에 30%에 불과했으나 2010~15년에는 70%를 기여하였다. M. Sadler, "Emerging Market's Increasing Share in Global Growth and Its Impact," Apr. 18, 2017 (재인용). https://marketrealist.com/2017/04/emerging-markets-increasing-share-in-global-growth-and-its-impact posted on June 23, 2018. 또한, 선진국과 신흥시장국의 주가 및 환율에 대한 신흥시장국 충격의 확산효과는 자산 수익 변동성의 ⅓ 이상을 차지하였으며 또한, 신흥시장국과 선진국 간 무역은 선진국 간 무역을 초월하였다. IMF, "The Growing Importance of Financial Spillovers from Emerging Market Economies," Global Financial Stability Report, Apr. 2016, Ch. 2.

053) S. Avdjiev, B. Berger and H.S. Shin, "Gauging procyclicality and financial vulnerability in Asia through the BIS banking and financial statistics," BIS Working Papers No 735, July 2018.

054) B. Tissot, "Globalization and financial stability risks: is the residency-based approach of the national accounts old-fashioned?" BIS Working Papers No. 587(Oct 2016).

055) 유엔무역개발회의(UNCTAD)는 위안화 대신 엔화를 제시했으나 아시아 경제에서 중국 경제의 비중을 차지할 때 위안화가 보다 현실적이라 생각한다.

056) UNCTAD, 2009, "The global economic crisis: systemic failures and multilateral."

057) 특히, 일본이 아시아에서 위안화의 중심적 역할을 수용할지도 의문이다. 엔화의 위상이 급격히 추락할 수 있기 때문이다.

058) Economist, "Forty years on," Aug. 13th, 2011, p. 52.

059) R. Mohan and M. Kapur, "Monetary Policy Coordination and the Role of Central Banks," IMF WP/14/70 (April 2014).

060) E. Prasad, "Central Banking in a Digital Age: Stock—Taking and Preliminary Thoughts," Brookings, April 2018, p. 9.

061) E. Prasad, "Central Banking in a Digital Age: Stock—Taking and Preliminary Thoughts," Brookings, April 2018.

062) D. Guellec and C. Paunov, "Digital Innovation and the Distribution of Income," NBER Working Paper 23987, November 2017.

063) P. Tarjanne, ed., "Intangible value—the new economic success factor," Ministry of Employment and the Economy, Enterprise and innovation Department, 2015.

064) C. Corrado, C. Hulten, and D. Sichel, "Intangible Capital and U.S. Economic Growth," Review of Income and Wealth Series 55, Number 3, September 2009.

065) 앱 소비 지출액의 규모는 2015~17년간 105%나 증가하였다. App Annie,"Consumer Spend in App Stores Exceeded $86 Billion in 2017," January 29, 2018. https://www.appannie.com/en/insights/market—data/consumer—spend—app—stores—86—billion—2017/ posted on Feb. 13, 2018.

066) D. Guellec and C. Paunov, 2017.

067) Executive Office of the President, "Artificial Intelligence, Automation, and the Economy," December 20, 2016, p. 6.

068) D. Autor, D. Dorn, L. Katz, C. Patterson, and J. Reenen, "The Fall of the Labor Share and the Rise of Superstar Firms," NBER Working Paper No. 23396, Issued in May 2017.

069) D. Guellec and C. Paunov, 2017.

070) J. Shambaugh, R. Nunn, A. Breitwieser, and P. Liu, "The State of Competition

and Dynamism: Facts about Concentration, Start-Ups, and Related Policies," Brookings, the Hamilton Project, June 2018; J. Furman and P. Orszag, 2018, p. 8.

071) P. Auerswald, 2018, pp. 106~109; P. Douglas, "What is happening to the White-Collar Job Market?" System: the Magazine of Business 50 (1926), pp. 720~21.

072) J. Remes, J. Manyika, J. Bughin, J. Woetzel, J. Mischke, and M. Krishnan, "Solving the productivity puzzle," MGI, Feb. 2018. 실증적으로도 생산성 증가는 고용 증가에 기여하고 있음이 확인된다. D. Autor and A. Salomons, "Does Productivity Growth Threaten Employment?" presented in ECB Forum on Central Banking, Sintra, Portugal, 26-28 June 2017.

073) JE. Brynjolfsson, D. Rock, and C. Syverson, "Artificial Intelligence and the Modern Productivity Paradox: A Clash of Expectations and Statistics," NBER Working Paper No. 24001, Revised December 2017. 실제로 1999~2006년과 2007~14년 기간 동안 노동생산성의 연평균 증가율이 미국은 2.9%와 1.2%, 유럽연합 28개 회원국은 1.9%와 0.7%, 유로지역만은 1.5%와 0.6%, 일본은 2.2%와 1.2%, 영국은 2.3%와 0.1%로 후퇴했다. "The Conference Board Total Economy Database," Table 3, The Conference Board, May 2017. 미국만 보더라도 노동생산성의 연평균 증가율은 2000~07년간 2.7%에 비교해 2007~17년간은 1.2%로 후퇴했고, 특히 AI 등 4차 산업혁명 관련 기술진보가 진행되기 시작한 2010년 이후 노동생산성 증가율은 (2011년 0.7%, 2012년 -0.8%, 2013년 0.9%, 2014년 0.0%, 2015년 0.2%, 2016년 0.4%, 2017년 0.7%) 저조하였다. Bureau of Labor Statistics, "Labor Productivity and Costs," US Department of Labor.

074) D. Acemoglu and P. Restrepo, "Artificial Intelligence, Automation and Work," NBER Working Paper No. 24196, January 2018.

075) 예를 들어, 한국의 경우 2018년 편성된 일자리 예산은 19조 2000억 원이며, 이 중 청년 일자리 관련 사업비는 3조 원 규모다. 이 규모면 매월 100만 원씩, 3년간 3600만 원을 청년 실업자(2018년 1월 기준 20~29세 인구 638만 명, 취업자 365.5만 명, 실업자 34.2만 명 기준)의 24%에 해당하는 8만 3333명에게 지원하는 것이 가능하다.

076) 예를 들어, M. Lavoie, 『포스트 케인스학파 경제학 입문: 대안적 경제 이론(Introduction to post-Keynesian economics)』, 김정훈 옮김, 후마니타스, 2016.

077) The Boston Consulting Group, "The Robotics Revolution," Sep. 2015.

078) Y. Varoufakis, "A Tax on Robots?" Project Syndicate, Feb. 27, 2017.

079) J. Thornhill, "Why Facebook should pay us a basic income," Financial Times, August 7, 2017. posted on March 19, 2018.

080) P. Beaudry, D. Greeny, and B. Sand, "The great reversal in the demand for skill and cognitive tasks," NBER Working Paper No. 18901, 2013.

081) M. Wolf, "Conservatism buries Ronald Reagan and Margaret Thatcher," Financial Times (May 25, 2017).

082) Auerswald, 2018:188~190

083) D. Bollier and J. Clippinger, eds., From Bitcoin to Burning Man and Beyond: The Quest for Identity and Autonomy in a Digital Society. Cambridge, MA: ID3 in cooperation with Off the Common Books, 2014.

084) P. Auerswald, 2018, pp. 286~87.

085) R. Chase, Peers Inc: How People and Platforms Are Inventing the Collaborative Economy and Reinventing Capitalism, New York: PublicAffairs, 2015, p. 199.

086) 최배근, "4차 산업혁명의 성공조건: 포용적 성장과 사회혁신," 『서울의 미래 III』, Vol. 1, 서울특별시, 2018, pp. 24~49; 최배근, "'한국식 산업화' 모델의 종언과 4차 산업혁명 그리고 정치경제 패러다임의 대전환," 『한국보고서: 경제』, 다른백년 연구원 엮음, 2018, pp. 34~101.

087) 홍기빈, "사회 연결권 선언: 4차 산업혁명 시대의 새로운 시민권," 서울시 사회혁신의 미래를 여는 포럼, 4차 산업혁명 시대 서울시의 혁신 과제 발제문, 2016년 11월 18일.

088) 홍기빈, 2016

089) 홍기빈, 2016.

090) H. Simon, The Shape of Automation for Men and Management, New York: Harper & Row, 1965, p. 52.

091) P. Auerswald, 2018, pp. 314~315.

092) R. Shiller, "What to Learn in College to Stay One Step Ahead of Computers," New York Times, May 22, 2015.
https://www.nytimes.com/2015/05/24/upshot/what-to-learn-in-college-to-stay-one-step-ahead-of-computers.html posted on June 28, 2018.

093) 홍기빈, 2016.

094) 최배근, 「협력의 경제학」, 집문당, 2013, p. 40.

095) 예를 들어, "정치적 자유 원칙이 실제적으로 경제적 자유주의에 대한 필요와 동시에 표출되었다는 것은 주목할 만한 우연의 일치였다." M. Beaud, A History of Capitalism 1500~1980, translated by T. Dickman and A. Lefebure, Monthly Review Press, 1983, p. 35.

096) 최배근, 「시장시스템들의 붕괴와 대변환」, 집문당, 2012, p. 320~321.

097) 엘리너 오스트롬(Elinor Ostrom), 『공유의 비극을 넘어(Governing the Commons)』, 윤홍근 · 안도경 옮김, 랜덤하우스 코리아, 2010.

098) C. Castoriadis, Philosophy, Politics, Autonomy, New York: Oxford Press, 1991.

099) 최배근, 「역사적 분석으로 본 한국경제의 새로운 길」, 박영사, 2007, pp. 471~76.

100) D. Rodrik, The Globalization Paradox: Democracy and the Future of the World Economy, New York: W. W. Norton & Co., 2011; A. Stein, "The great trilemma: are globalization, democracy, and sovereignty compatible?" International Theory, vol. 8 no. 2, 2016, pp. 297-340.

101) 최배근, 시장시스템들의 붕괴와 대변환, 집문당, 2012, pp. 320~327.

102) J. Rifkin, The Third Industrial Revolution: How Lateral Power Is Transforming Energy, the Economy, and the World, Palgrave Macmillan, 2011.

참고문헌

유경준 편, "성장과 고용의 선순환 구축을 위한 패러다임 전환(Ⅰ)-고용창출을 위한 주요 정책과제-", 한국개발연구원, 2011.

조병익·우신욱·윤용준, "금융시장 불안이 실물 경제에 미치는 영향," 한국은행, 『조사통계월보』, 2009, 63권 10호.

최배근, 『역사적 분석으로 본 한국경제의 새로운 길』, 박영사, 2007.

최배근, 『협력의 경제학』, 집문당, 2013.

최배근, 『시장시스템들의 붕괴와 대변환』, 집문당, 2012.

최배근, "4차 산업혁명의 성공조건: 포용적 성장과 사회혁신," 『서울의 미래 Ⅲ』, Vol. 1, 서울특별시, 2018, pp. 24~49.

최배근, "'한국식 산업화' 모델의 종언과 4차 산업혁명 그리고 정치경제 패러다임의 대전환," 『한국보고서: 경제』, 다른백 년 연구원 엮음, 2018, pp. 34~101.

한국고용정보원, "2016 대졸자 직업 이동 경로 조사 기초분석 보고서," 기본사업 2017-19, 2017. 12.

홍기빈, "사회 연결권 선언: 4차 산업혁명 시대의 새로운 시민권," 서울시 사회혁신의 미래를 여는 포럼, 4차 산업혁명 시대 서울시의 혁신 과제 발제문, 2016년 11월 18일.

황수경, "우리나라 서비스업 고용구조의 특징과 문제점," 『노동리뷰』, 한국노동연구원, 2011년 7월, pp. 5~17.

Acemoglu, D., and P. Restrepo, "Artificial Intelligence, Automation and Work," NBER Working Paper No. 24196, January 2018.

Agur, I., and M. Demertzis, "Excessive Bank Risk Taking and Monetary Policy," ECB Working Papers, No. 1457, Aug. 2012.

Autor, D., and A. Salomons, "Does Productivity Growth Threaten Employment?" presented in ECB Forum on Central Banking, Sintra, Portugal, 26-28 June 2017.

Avdjiev, S., B. Berger and H.S. Shin, "Gauging procyclicality and financial vulnerability in Asia through the BIS banking and financial statistics," BIS Working Papers No 735, July 2018.

Basel Committee on Banking Supervision, Report on asset securitisation incentives, July 2011.

Beaud, M., *A History of Capitalism 1500~1980*, translated by T. Dickman and A. Lefebure, Monthly Review Press, 1983.

Beaudry, P., D. Greeny, and B. Sand, "The great reversal in the demand for skill and cognitive tasks," NBER Working Paper No. 18901, 2013.

Bernanke, B., V. Reinhart and B. Sack, "Monetary policy alternatives at the zero bound: an empirical assessment," Brookings papers on economic activity, 2004, pp. 1-100.

BIS, "Financial stability implications of a prolonged period of low interest rates," Committee on the Global Financial System CGFS Papers No. 61, July 2018.

Blanchard, O., "Currency Wars, Coordination, and Capital Controls," NBER Working Paper No. 22388, July 2016.

Bollier, D., and J. Clippinger, eds.. From Bitcoin to Burning Man and Beyond: The Quest for Identity and Autonomy in a Digital Society. Cambridge, MA: ID3 in cooperation with Off the Common Books, 2014.

Borchert, K., M. Hirth, M. Kummer, U. Laitenberger, O. Slivko, and S. Viete, "Unemployment and Online Labor," ZEW Discussion Paper No. 18-023, April 2018.

Brynjolfsson, E., D. Rock, and C. Syverson, "Artificial Intelligence and the Modern Productivity Paradox: A Clash of Expectations and Statistics," NBER Working Paper No. 24001, December 2017.

Buttiglione, L., P. Lane, L. Reichlin and V. Reinhart, "Deleveraging? What Deleveraging?" Geneva Reports on the World Economy 16, International Center For Monetary and Banking Studies, 2014.

Caruana, J., "Capital flows to the emerging market economies: a perspective on policy challenges," speech at the 46th SEACEN Governors' Conference, Colombo, Sri Lanka, Feb. 24-26, 2011.

Caruana, J., "Assessing global liquidity from a financial stability perspective," BIS, 48th SEACEN Governor's Conference and High-Level Seminar, Nov. 22~24, 2012.

Caruana, J., "Stepping out of the shadow of the crisis: three transitions for the world economy," a speech on the occasion of the Bank's Annual General Meeting in Basel on 29 June 2014.

Castoriadis, C., *Philosophy, Politics, Autonomy: Essays in Political Philosophy*, New York: Oxford Press, 1991.

Chase, R., *Peers Inc: How People and Platforms Are Inventing the Collaborative Economy and Reinventing Capitalism*, New York: PublicAffairs, 2015.

Chen, Q., A. Filardo, D. He and F. Zhu, "The impact of QE on emerging market economies." HKIMR Working Paper No. 23, Sep. 18, 2014.

Chinn, M., and S. Wei, "A Faith-based Initiative: Does a Flexible Exchange Rate Regime Really Facilitate Current Account Adjustment?" *The Review of Economics and Statistics*, Vol. 95 No. 1, March 2013, pp. 168–84.

Corrado, C., C. Hulten, and D. Sichel, "Intangible Capital and U.S. Economic Growth," *Review of Income and Wealth Series 55*, Number 3, September 2009.

Deming, D.. "The Growing Importance of Social Skills in the Labor Market," NBER Working Paper No. 21473.

Dervis, K., "World Economy: Convergency, Interdependence, and Divergence," IMF, Finance and Development, Sep. 2012.

Döttling, R., G. Gutiérrez and and T. Philippon, "Is there an investment gap in advanced economies? If so, why?," ECB Forum on Central Banking, ECB, 26-28 June 2017, Sintra Portugal.

Douglas, P., "What is happening to the White-Collar Job Market?" System: the Magazine of Business 50, 1926.

ECB, "Global liquidity: concepts, measurements and implications from a monetary policy perspective," Monthly Bulletin, Aug. 2012.

Edwards, S., "Monetary Policy Independence under Flexible Exchange Rates: An Illusion?" NBER Working Paper 20893, Jan. 2015.

Executive Office of the President, "Artificial Intelligence, Automation, and the Economy," December 20, 2016.
Farhi, E., and I. Werning, "Dilemma not Trilemma? Capital Controls and Exchange Rates with Volatile Capital Flows," IMF Economic Review (Special Volume in Honor of Stanley Fischer) 62, Oct. 2013, pp. 569-605

Frank, R., T. Gilovich, and D. Regan, "Does Studying Economics Inhibit Cooperation?" The *Journal of Economic Perspectives*, Vol. 7, No. 2. (Spring, 1993), pp. 159~171; Y. Bauman and E. Rose, "Why Are Economics Students More Selfish than the Rest?" IZA DP No. 4625, Dec. 2009.

Frommer, D., "How much money did you make for Facebook last year?" Quartz, January 29, 2016.

Furman, J., and P. Orszag, "Slower Productivity and Higher Inequality: Are They Related?" PIIE WP. 184, June 2018.

Greenlaw, D., E. Harris and K. West, "A skeptical view of the impact of the Fed's balance sheet," U.S. Monetary Policy Forum annual conference in New York, May 2018.

Gerlach, P., and K. Ueda, "Currency intervention and the global portfolio balance effect: Japanese and Swiss lessons, 2003-2004 and 2009-2010," CARF Working Paper, Dec. 2011.

Gneezy, A., U. Gneezy, L. Nelson, and A. Brown, "Shared Social Responsibility: A Field Experiment in PayWhat-You Want Pricing and Charitable Giving," *Science*, July 16, 2010, Vol. 329 No. 5989, pp. 325~27.

Guellec,, D., and C. Paunov, "Digital Innovation and the Distribution of Income," NBER Working Paper 23987, November 2017.

Gutiérrez, G., and T. Philippon, "Investment-less Growth: An Empirical Investigation," Brookings, September 7, 2017.

Han, X., and S. Wei, "International Transmissions of Monetary Shocks: Between a Trilemma and a Dilemma," NBER Working Paper No. 22812, Nov. 2016.

Jain-Chandra, S., and D. Unsal, "The Effectiveness of Monetary Policy Transmission Under Capital Inflows: Evidence from Asia," IMF Working Paper WP/12/265, Nov. 2012.

Kohn. D., "Monetary policy research and the financial crisis: strengths and shortcomings," Speech delivered at the Federal Reserve Conference on Key Developments in Monetary Policy, Washington D.C., 2009.

Lavoie, M., *Introduction to post-Keynesian economics*, 김정훈 옮김, 『포스트 케인스학파 경제학 입문: 대안적 경제 이론』, 후마니타스, 2016.

Makin, J., "The Limits of Monetary and Fiscal Policy," AEI Economic Outlook, July 2011.

Mian, A., and A. Sufi, "Credit Supply and Housing Speculation," NBER Working Paper No. 24823, July 2018.

Miranda-Agrippino, S., and H. Rey, "World Asset Markets and the Global Financial Cycle," CEPR Discussion Papers 10936, 2015.

Miranda-Agrippino, S., and H. Rey, "US Monetary Policy and the Global Financial Cycle," NBER Working Paper No. 21722, Issued in November 2015, Revised in February 2018.

Mishkin, F., "Housing and the Monetary Transmission Mechanism," Prepared for Federal Reserve Bank of Kansas City' 2007 Jackson Hole Symposium, Jackson Hole, Wyoming, August 2007.

Mohan, R., and M. Kapur, "Monetary Policy Coordination and the Role of Central Banks," IMF WP/14/70, April 2014.

National Association of Colleges and Employers, "Job Outlook 2014."

Neely, C., "The Large-Scale Asset Purchases had large international effects," Federal Reserve Bank of St. Louis Reserve Working Paper No. 018B, 2010.

Neely, C., "The Large-Scale Asset Purchases Had Large International Effects," Federal Reserve Bank of St. Louis Working paper, April 2012.

Obstfeld, M., "Trilemmas and Tradeoffs: Living with Financial Globalization," BIS Working Papers No 480, 2015.

Ostrom, E., *Governing the Commons*, 윤홍근·안도경 옮김, 『공유의 비극을 넘어』, 랜덤하우스 코리아, 2010.

Patton, M., U.S. Role In Global Economy Declines Nearly 50%, Forbes, Feb 29, 2016.

Prasad, E., "Central Banking in a Digital Age: Stock-Taking and Preliminary Thoughts," Brookings, April 2018.

Remes, J., J. Manyika, J. Bughin, J. Woetzel, J. Mischke, and M. Krishnan, "Solving the productivity puzzle," MGI, Feb. 2018.

Rey, H., "Dilemma not Trilemma The Global Financial Cycle and Monetary Policy Independence," Article provided by Federal Reserve Bank of Kansas City in its journal Proceedings - Economic Policy

Symposium - Jackson Hole, 2013

Rey, H., "Dilemma not Trilemma: the Global Financial Cycle and Monetary Policy Independence," NBER Working Paper 21162, 2015.

Ricci, L. and W. Shi, "Trilemma or Dilemma: Inspecting the Heterogeneous Response of Local Currency Interest Rates to Foreign Rates," IMF Working Paper WP/16/75, March 2016.

Rifkin, J., *The Third Industrial Revolution: How Lateral Power Is Transforming Energy, the Economy, and the World*, Palgrave Macmillan, 2011.

Rinne, A., Treatment of asset securitization under the proposed BASEL II Accord and the U.S. Banking Agencies' advance notice of proposed rulemaking, Master of Arts in Law and Diplomacy Thesis, Tufts University, 2004.

Rodrik, D., The Globalization Paradox: Democracy and the Future of the World Economy, New York: W. W. Norton & Co., 2011.

Shambaugh, J., R. Nunn, A. Breitwieser, and P. Liu, "The State of Competition and Dynamism: Facts about Concentration, Start-Ups, and Related Policies," Brookings, the Hamilton Project, June 2018.

Shiller, R., "What to Learn in College to Stay One Step Ahead of Computers," New York Times, May 22, 2015.

Simon, H., *The Shape of Automation for Men and Management*, New York: Harper & Row, 1965.

Srnicek, N., *Platform Capitalism*, Polity, 2016.

Stein, A., "The great trilemma: are globalization, democracy, and sovereignty compatible?" *International Theory*, vol. 8, no. 2, 2016, pp. 297-340.

Tarjanne, P., ed., "Intangible value-the new economic success factor," Ministry of Employment and the Economy, Enterprise and innovation Department, 2015.

The Boston Consulting Group, "The Robotics Revolution," Sep. 2015.

Thornhill, J., "Why Facebook should pay us a basic income," Financial Times, August 7, 2017. posted on March 19, 2018.

Tissot, B., "Globalization and financial stability risks: is the residency-based approach of the national accounts old-fashioned?" BIS Working Papers No. 587, Oct 2016.

Titcomb, J., "How much money does Facebook make from you?" The Telegraph 3 November 2016.

Turner, P., "Is the longterm interest rate a policy victim, a policy variable or a policy lodestar?," BIS Working Papers no. 367, Dec. 2011.

Varoufakis, Y., "A Tax on Robots?" Project Syndicate, Feb. 27, 2017.

UNCTAD, "The global economic crisis: systemic failures and multilateral", 2009.

Weitzman, M., and C. Xu, "Chinese Township-Village Enterprises as Vaguely Defined Cooperatives," *Journal of Comparative Economics* Vol. 18 No. 2, April 1994, pp. 121~45.

Wolf, M., "Conservatism buries Ronald Reagan and Margaret Thatcher," Financial Times, May 25, 2017.

Workforce Solution Group, "State of St. Louis Workforce," 2013.

기사 문헌

App Annie, "Consumer Spend in App Stores Exceeded $86 Billion in 2017," January 29, 2018.

Curry, T., "Clinton sounds the China alarm as '08 issue: Democratic contender warns of debt and 'erosion of economic sovereignty'," msnbc.com updated 3/2/2007. http://www.msnbc.msn.com/id/17403964/ posted on May 6th 2018.

Economist, "The rise of the superstars," Sep. 17th-23rd, 2016.

Economist, "Converging world," Nov. 17th 2012.
Economist, "Forty years on," Aug. 13th, 2011.

Forbes, K., "The Big "C": Identifying and Mitigating Contagion," Federal Reserve Bank of Kansas City Economic Symposium, Jackson Hole, Aug. 31, 2012.

Rodrik, D., "The Double Standard of America's China Trade Policy," Project Syndicate, May 10, 2018.

WSJ, "Sputtering Startups Weigh on U.S. Economic Growth: Decadeslong slowdown in entrepreneurship underscores transition in American labor market," Oct. 23, 2016. http://www.wsj.com/articles/sputtering-startups-weigh-on-u-s-economic-growth-1477235874 posted on June 30, 2018.